NOTICE HISTORIQUE

SUR

LES PONTS DE PARIS.

Paris. — Imprimé par E. Thunot et Cᵉ, 26, rue Racine.

NOTICE HISTORIQUE

SUR LES

PONTS DE PARIS

PAR

M. FÉLINE-ROMANY,

INGÉNIEUR EN CHEF DES PONTS ET CHAUSSÉES.

PARIS.

DUNOD, ÉDITEUR,

SUCCESSEUR DE V^{or} DALMONT,

Précédemment Carilian-Gœury et Victor Dalmont,

LIBRAIRE DES CORPS IMPÉRIAUX DES PONTS ET CHAUSSÉES ET DES MINES,

Quai des Augustins, n° 49.

1865

LES PONTS DE PARIS.

Les différents auteurs qui ont écrit sur les antiquités de la ville de Paris, sont d'accord pour reconnaître que, sous Jules César, et même au iv⁰ siècle de l'ère chrétienne, sous l'empereur Julien, il n'y avait que deux ponts réunissant aux rives de la Seine l'ancienne Lutèce dont le berceau fut, comme on le sait, l'île de la Cité.

Ces deux ponts étaient situés l'un au nord, l'autre au midi de cette île, le premier placé sur le grand bras de la Seine, le second sur le petit bras ; mais ils n'étaient pas dans le prolongement l'un de l'autre, comme on serait porté à le croire ; celui auquel on avait donné le nom de Grand-Pont était dans l'emplacement occupé aujourd'hui par le pont au Change, et l'autre était à la place de celui qui porte encore le nom de Petit-Pont.

Ce ne fut que beaucoup plus tard, sous le règne de Charles V et sous celui de Charles VI que l'on bâtit sur le bras nord un pont qui reçut de ce dernier monarque le nom de pont Notre-Dame, et qui fut remplacé, sous le règne de Louis XII, par celui qui a subsisté jusqu'en 1853 ; puis, sur le bras du midi, un autre pont à la place duquel Louis XIII fit édifier l'ancien pont Saint-Michel.

La Cité, ou le vieux Paris, se trouva alors reliée aux deux rives de la Seine par quatre ponts établis deux à deux dans le prolongement l'un de l'autre, savoir : le pont Notre-Dame et le Petit-Pont, d'une part ; le pont au Change et le pont Saint-Michel, de l'autre.

Ces quatre ponts ont été les seuls (*) existant dans Paris jusqu'en 1578, époque à laquelle le roi Henri III ordonna l'établissement, à la pointe occidentale de la Cité, du pont Neuf qui ne fut achevé qu'en 1604.

Au-dessus de l'île Saint-Louis, et au-dessous de celle de la Cité, il n'existait encore, au commencement du XVII° siècle, aucune voie de communication entre les deux rives de la Seine.

De 1600 à 1700, on a reconstruit le pont Saint-Michel et le pont au Change, on a bâti le pont Marie et le pont de la Tournelle, et plus tard on a construit le pont Royal en remplacement d'un pont en bois.

Dans le cours du XVIII° siècle. on a reconstruit, au commencement du règne de Louis XV, le Petit-Pont qui avait été détruit par un incendie, et dan, les dernières années du règne de Louis XVI, on a construit le pont qui devait porter le nom de cet infortuné monarque, et qui porte aujourd'hui le nom de pont de la Concorde.

Tous les autres ponts de Paris sont po térieurs à la révolution française, et ont été établis, savoir :

1° Sous le règne de Napoléon Ier :

Le pont d'Austerlitz, le pont des Arts, l'ancien pont de la Cité et le pont d'Iéna.

2° Pendant la Restauration :

Le pont de Grenelle, le pont suspendu des Invalides (le premier de ce genre qui ait été construit à Paris, et qui a été démoli avant d'être achevé), le pont suspendu de l'Al-

---

(*) Les anciens auteurs parlent de ponts en bois qui auraient existé dans le cours du XIV° siècle à la hauteur de l'île Saint-Louis, mais ces ponts n'existaient plus au commencement du XVI° siècle.

lée-d'Antin, la passerelle de la Grève et le pont de l'Archevêché.

3° Sous le règne du Roi Louis-Philippe :

Le pont suspendu de Bercy, l'ancien pont suspendu Louis-Philippe, le pont du Carrousel, les passerelles Constantine et Damiette, celle de la Cité et le pont au Double, à la place d'un ancien pont du même nom.

4° Enfin sous le règne de l'Empereur Napoléon III :

Le pont du chemin de fer de ceinture à Bercy.

Le nouveau Petit-Pont qui a remplacé celui construit au commencement du règne de Louis XV.

Le nouveau pont Notre-Dame, établi sur les fondations de celui du même nom construit sous le règne de Louis XII.

Les arches en maçonnerie du pont d'Austerlitz, à la place des arches métalliques construites au commencement du premier empire.

Le pont d'Arcole, à la place de la passerelle du même nom, qui portait avant la révolution de 1830 le nom de passerelle de la Grève.

Le pont des Invalides, à la place du pont suspendu de l'Allée-d'Antin, construit sous la Restauration.

Le pont de l'Alma.

Le pont Saint-Michel, à la place du pont du même nom qui datait du règne de Louis XIII.

Le pont de Solferino.

Le pont au Change, à la place de celui qui avait été construit au commencement du règne de Louis XIV.

Le pont Louis-Philippe qui a remplacé le pont suspendu du même nom.

Le pont Saint-Louis construit à la place de l'ancienne passerelle de la Cité.

Le pont de Bercy, que l'on construit en ce moment à la place du pont suspendu.

Et enfin le pont-viaduc à deux étages, destiné à relier, vis-à-vis du Point-du-Jour, le chemin de fer de Ceinture de la rive gauche avec celui de la rive droite, et à établir en même temps une communication par voie de terre entre les deux rives (*).

Nous allons donner, en observant cet ordre chronologique les renseignements que nous avons réunis sur les époques d'établissement de ces différents ponts, sur les transformations qu'ils ont subies, et nous terminerons ce mémoire par un tableau comparatif des prix de revient de l'unité superficielle, pour ceux de ces ponts dont nous avons pu nous procurer les chiffres de depense, et pour ceux qui ont été établis depuis que nous sommes chargé du service des ponts de Paris.

CHAPITRE I".

PÉRIODE ANTÉRIEURE A LA RÉVOLUTION DE 1789.

§ 1. *Ancien pont Notre-Dame.*

Ce pont est le plus ancien de Paris, en ne tenant pas compte toutefois des ponts de bois établis dès les premiers temps de l'ère chrétienne, et qui ont été maintes fois détruits par les incendies, ou emportés par les débâcles ou les débordements.

Il a été construit au commencement du règne de Louis XII, en remplacement d'un pont en bois qui avait été établi un siècle auparavant et qui fut emporté par une crue de la Seine le 25 octobre 1499 (**).

Le 7 novembre suivant, il fut décidé qu'on le rebâtirait

(*) Nous ne pouvons faire ici mention que *pour mémoire* de ce grand ouvrage qui est en construction, parce qu'il ne dépend pas de notre service.

(**) Il y a lieu de penser que ce pont en bois dont le premier pieu fut enfoncé le 30 mai 1413 fut lui-même établi en remplacement d'un autre, puisque l'histoire nous apprend que lorsque la reine Isabelle de Bavière qui épousa le roi Charles VI le 18 juil-

en pierre, et la direction du travail fut confiée au frère Joconde, né à Vérone en 1435 et mort vers 1520, moine cordelier suivant certains auteurs, et franciscain suivant d'autres (*). La première pierre de ce pont fut posée le 28 mars 1500 et il fut achevé en 1507, ainsi que nous l'apprend une inscription que l'on mit à l'une des arches et qui était ainsi conçue :

« Soit mémoire que samedi 10 juillet 1507, environ
« sept heures du soir, par noble homme Dreux Ragnier,
« prévôt des marchands, Jean de Lièvre, Pierre Paulmier,
« Nicolas Séguier et Hugues de Neuville, échevins de la
« ville de Paris, fut assise la dernière pierre de la sixième
« et dernière arche du pont Notre-Dame, de Paris, et à ce
« était présent quantité de peuple de ladite ville, par le-
« quel, pour la joie du parachèvement de si grand et si
« magnifique œuvre, fut crié Noël et grande joie de menée,
« avec trompettes et clairons qui sonnèrent par long espace
« de temps. »

---

let 1385 fit son entrée à Paris, on couvrit ledit pont d'un bout à l'autre d'une espèce de pavillon de taffetas bleu semé de fleurs de lis d'or.

Nous devons ajouter que le même fait historique est rapporté par Lemaire (*Extraits de Paris ancien et moderne*, 1685) comme ayant eu lieu sur le pont qui existait alors à la place du pont au Change.

(*) Le frère Joconde dont la réputation était déjà faite en Italie, avait construit peu de temps avant le *Petit-Pont*. Il est fait mention de ces deux ponts dans l'ouvrage de Vasari intitulé : *Vies des peintres, sculpteurs et architectes italiens*, dans lequel on lit le passage suivant : « Fece fra Jocondo, stando in Parigi al servizio del re Lo-
« dovico XII, due superbissimi ponti sopra la Senna, carichi di
« botteghe, opera degna veramente del gran animo di quel re e
« del maraviglioso ingegno di fra Jocondo, onde meritò che il San-
« nazaro, poeta rarissimo, l'onorasse con questo bellissimo distico :

« Jocondus geminum imposuit tibi, Sequana, pontem,
 « Hunc tu jure potes dicere pontificem. »

(*Extraits de la vie du frère Joconde et d'autres artistes de Vérone*, par Georges Vasari).

Ce pont était composé de six arches, y compris celle qui avait été pratiquée sous le quai de Gèvres et qui formait la tête d'un canal souterrain connu sous le nom de Cagnards et qui a été supprimé en 1860, lors de la reconstruction du pont au Change en aval duquel il débouchait.

La première arche (en partant de la rive gauche) avait une largeur de $15^m,65$, et celle des quatre autres variait de $17^m,20$ à $17^m,25$. La troisième et la quatrième étaient obstruées par les roues de la pompe Notre-Dame, la cinquième était barrée par un déversoir allant de la dernière pile au mur de quai, de sorte que sur ces cinq arches il n'y en avait réellement que deux tout à fait libres pour l'écoulement des eaux et le passage des bateaux. Aussi la chute de l'amont à l'aval de ce pont était-elle alors de $0^m,30$ à $0^m,40$ à l'étiage.

Cette chute, quoique très-sensible encore, a été réduite de moitié par l'enlèvement de la pompe Notre-Dame et par la suppression du déversoir qui barrait la cinquième arche.

Contre la tête d'aval de ce pont était adossé l'établissement connu sous le nom de pompe Notre-Dame qui était composé d'une tour carrée et de deux roues à palettes mettant en mouvement un système de pompes qui puisaient l'eau dans la Seine, l'élevaient dans une cuvette de distribution placée au sommet de cette tour, et d'où partaient quatre conduites qui allaient alimenter plusieurs fontaines situées sur les deux rives de la Seine. Ces deux roues avaient été établies, la première en 1669 par Daniel Jolly qui était chargé de la conduite des machines du pont Neuf connues sous le nom de la Samaritaine (*), et la seconde en 1670 par Jacques Demance.

Il n'existait plus qu'une seule de ces deux roues depuis assez longtemps, lorsque la pompe Notre-Dame a été démolie en 1858; l'autre avait été supprimée à une époque que nous ne pouvons pas préciser.

(*) La Samaritaine a été établie en 1608 sous le règne de Henri IV.

La largeur du pont Notre-Dame était de 23ᵐ,39 (12 toises) au milieu de laquelle on avait réservé une voie de 6ᵐ,50 (20 pieds) entre deux rangs de maisons bâties sur les têtes. Ces maisons, au nombre de trente-quatre, ne furent achevées que quelques années après le pont (*). Elles étaient toutes de même hauteur et de même architecture et étaient ornées sur le devant de grands termes d'hommes et de femmes composés d'un demi-corps et d'une gaîne de laquelle pendaient autant de festons attachés à un grand cartouche qui servaient de ceinture à ces termes. Dans les entre-deux de ces figures. on voyait des médaillons qui représentaient les rois de France depuis le commencement de la monarchie, et qui étaient accompagnés d'inscriptions faisant connaître leurs noms et leurs caractères.

Toutes ces maisons avaient été ainsi décorées à l'occasion du mariage de Louis XIV avec l'infante Marie-Thérèse d'Autriche, fille de Philippe IV, qui fit son entrée à Paris, comme reine de France, le 26 août 1660. Elles ont subsisté jusqu'en 1786, époque à laquelle elles ont été démolies.

Les auteurs qui parlent du pont Notre-Dame, donnent des chiffres bien différents pour la dépense à laquelle sa construction aurait donné lieu.

Monteil a extrait du livre du Châtelet le chiffre 250 380 livres, 14 sols, 4 deniers. Sauval cite le même chiffre, puis il ajoute « que d'après un chiffre plus exact, la dépense se serait élevée à 1.166.624 livres tournois. » M. Vignon, ingénieur en chef des ponts et chaussées, directeur du dépôt des cartes et plans, fait observer dans ses études historiques sur l'administration des voies publiques en France au 17ᵉ et au 18ᵉ siècle, que « l'on peut concilier ces deux chif-

---

(*) C'est peut-être ce qui explique la différence de date donnée par quelques auteurs pour l'achèvement du pont. Les uns fixent cette date à 1507, d'autres à 1512 ; il est probable que cette dernière est celle de l'achèvement des maisons.

« fres cependant si différents, en admettant que le premier
« se rapporte au pont *proprement dit* et que le second com-
« prend la dépense d'établissement des 34 maisons qui
« recouvraient le pont. »

Cette explication est, en effet, très-plausible et la dépense de 250 380 livres, 14 sols, 4 deniers qui correspond
à 1.369.582^f.50 de notre monnaie actuelle est en rapport avec l'importance de l'ouvrage, tandis que celle de
1.166.624 livres tournois serait hors de toute proportion.

Le pont Notre-Dame paraît être le premier pour la conservation duquel les constructeurs aient pris de sérieuses
précautions contre les effets, jusque-là si destructeurs, des
eaux de la Seine.

Le frère Joconde établit ses piles sur de solides pilotis
défendus par de forts enrochements offrant à l'action des
eaux une résistance telle que ces fondations sont encore
celles sur lesquelles repose le pont actuel dont nous parlerons plus loin. Ces fondations sont aujourd'hui tout ce
qui reste de l'œuvre du frère Joconde.

§ 2. *Ancien Petit-Pont.*

L'ancien Petit-Pont existait, ou plutôt il en existait un
dans son emplacement dès les premiers temps de la monarchie. Il a été plusieurs fois emporté par les débordements
ou détruit par les incendies et reconstruit tantôt en bois,
tantôt en pierre. On a la date de l'une de ces reconstruc-
tions et de la pose d'une première pierre faite au mois de
juin 1395, par le roi Charles VI. On sait que ce pont achevé
en 1406 ne subsista qu'un an, et qu'il fut emporté pour
la septième fois par les eaux et remplacé par un nouveau
pont qui fut terminé le 10 septembre 1409. Ce dernier lui-
même a été remplacé par un autre qui est peut-être celui
que le frère Joconde a construit en pierre à peu près à la
même époque que le pont Notre-Dame, et qui était, comme

ce dernier, couvert de maisons (*carichi di botteghe*). (Voir la note mise au bas de la page 5.)

Le pont du frère Joconde a subsisté jusqu'au commencement du 18ᵉ siècle. Il a été détruit par un incendie survenu le 27 avril 1718. Les auteurs qui ont écrit sur l'ancien Petit-Pont, disent que cet incendie a été occasionné par deux bateaux de foin enflammés dont on avait imprudemment coupé les co. des au-dessous du pont de la Tournelle, et qui en s'arrêtant sous les arches du Petit-Pont ou y ayant été retenus par les cintres que l'on avait été obligé de placer dessous pour soutenir les voûtes en mauvais état, mirent le feu aux maisons qui étaient dessus.

D'autres prétendent que c'est par la crédulité d'une mère dont l'enfant s'etait noyé au-dessous du pont de la Tournelle. Cette pauvre mère aurait eu recours, dit-on, à un pain de saint Nicolas du Tolentin, au milieu duquel elle plaça un cierge allumé qu'elle abandonna dans une sébile au cours de l'eau, persuadée que l'écuelle s'arrêterait à l'endroit où le corps de son fils s'était enfoncé. Au lieu de l'effet que cette femme simple en attendait, la sébile se serait dirigée vers un bateau de foin auquel le cierge allumé aurait mis le feu.

Tout cela est assez incertain, mais ce qui ne l'est pas, c'est que le pont ainsi que les maisons qui le recouvraient et qui avaient déjà été reconstruites en 1603, furent détruits par le feu en 1718 et que l'année suivante on le reconstruisit en pierre et sans maisons.

La date de cette reconstruction est consignée sur une plaque en cuivre que l'on a trouvée en démolissant ce pont en 1852, qui a été déposée au musée de Cluny et sur laquelle on lit : « que la première pierre a été posée sous le « règne de Louis XV le 6 juillet 1719 pour remplacer le « pont qui avait été détruit par l'incendie survenu le 27 avril « 1718. »

Ce pont était composé de trois arches de 7ᵐ.43, 9ᵐ.70

et 8ᵐ.8o de largeur séparées par deux piles de 4ᵐ.84 et 4ᵐ.89 d'épaisseur. Il a dû être démoli en 1853 dans l'intérêt de la navigation et remplacé par celui qui existe aujourd'hui et dont nous parlerons plus loin.

§ 3. *Pont Neuf.*

Le pont Neuf a été commencé sous le règne de Henri III, dont les lettres patentes portent la date du 16 mars 1578, et qui a posé la première pierre le 31 mai suivant en présence de la reine-mère, Catherine de Médicis, de la reine Louise de Lorraine et de plusieurs seigneurs de la Cour (*).

Androuet du Cerceau, célèbre architecte de ce temps fut chargé de la direction des travaux.

Les guerres civiles auxquelles la France était alors livrée firent suspendre ce grand travail. Les piles du pont situé sur le grand bras de la Seine furent élevées jusqu'à fleur d'eau seulement. Le pont sur le petit bras fut assez avancé pour que l'on pût à l'aide de poutres et de planchers communiquer, pendant l'interruption des travaux, du quai des Grands-Augustins dans l'île du Palais en passant sur les arches qui n'étaient pas encore complétement achevées.

Lorsque Henri IV fut devenu paisible possesseur du royaume, il ordonna la reprise de ce grand travail dont la

---

(*) On lit dans le *Recueil* du R. P F. Jacques Dubreuil sur les antiquités de Paris :

« Le samedi dernier de mai en l'an 1578, la première pierre de la première pile du pont Neuf du côté des Augustins et Hôtel de Nevers fut assise en présence du Roi, des deux Reines ses mère et épouse, de M. le duc de Nevers et autres princes, seigneurs et dames de la Cour. Et sous ladite pierre furent mises des pièces d'argent et de cuivre doré pesant environ 3 ou 4 testons sur lesquelles étaient gravés les portraits du Roi et desdites Reines.

« Ladite pierre étant assise, on représenta au Roi une truelle d'argent avec laquelle il prit du mortier et un plat aussi d'argent, et le jeta sous ladite pierre, sur laquelle étaient gravés trois écussons aux armes de France, de Pologne et desdites Reines. »

conduite fut confiée à Guillaume Marchand et qui fut définitivement terminé en 1604.

La longueur du pont Neuf est de 232ᵐ.88 divisée en deux
parties ; la première de 148ᵐ.32 est composée de sept arches
comprises entre le quai de la Mégisserie et celui de l'Horloge ; la seconde de 84ᵐ.56 est composée de cinq arches
comprises entre le quai des Orfèvres et celui des Grands-
Augustins. Ces deux parties sont séparées par un terre-
plein qui forme la pointe occidentale de l'île du Palais ou
de la Cité, terre-plein au centre duquel est placée la statue
équestre de Henri IV. Celle qui existe aujourd'hui a été
posée en 1818 en remplacement de l'ancienne statue qui
avait été élevée à cette même place en 1635 par le roi
Louis XIII en l'honneur de son illustre père et qui a subsisté jusqu'à l'époque de la révolution.

Les arches sont à peu près en plein-cintre et légèrement
obliques sur les têtes, leur largeur n'est pas la même en
amont et en aval, la plus grande sur le grand bras a 19ᵐ.53
en amont et 19ᵐ.41 en aval ; sur le petit bras, la plus
grande a 15ᵐ.16 en amont et 15ᵐ.94 en aval.

La largeur entre les têtes est de 21ᵐ.35 sur le grand bras
et de 21ᵐ.65 sur le petit. Les têtes d'un même côté ne se
trouvent pas exactement dans le prolongement l'une de
l'autre, de sorte que la bordure du terre-plein forme une
ligne brisée entre le quai des Grands-Augustins et celui de
la Mégisserie.

C'est une disposition qui ne s'explique pas et qui pourrait bien être le résultat d'une erreur de la part des architectes qui ont fait le tracé primitif du pont.

La largeur entre les parapets, est de 20 mètres partagée
entre une chaussée de 11 mètres et deux trottoirs en granit
de 4ᵐ.50 chacun.

Les piles sont couronnées d'hémicycles dans lesquels
on se rappelle encore avoir vu des boutiques de la plus
chétive apparence qui ont disparu en 1855.

L'établissement de ces boutiques, était bien postérieur à la construction du pont et n'entrait certainement pas dans le plan de l'architecte qui l'a bâti, car de 1604 à 1685, c'est-à-dire pendant près d'un siècle ces hémicycles restèrent vides.

En 1685 seulement, les grands valets de pied du roi obtinrent l'autorisation d'y placer des boutiques volantes et des étaux qui envahirent par la suite une partie des trottoirs et devinrent une cause de gêne pour la circulation des piétons. Aussi, le 5 avril 1756, il intervint un arrêt du conseil qui ordonna la suppression de ces étalages, mais le 26 février 1769, un mémoire fut présenté à Louis XV, dans lequel on signalait l'extrême malpropreté des renfoncements circulaires du pont Neuf et où l'on proposait, pour remédier à cet inconvénient, et venir en même temps au secours de l'académie de peinture dite de Saint-Luc, d'octroyer à cette académie l'autorisation d'y établir des boutiques, ce qui lui fut accordé le 14 mai suivant.

Cependant, il paraît que cette académie ne se trouva pas en mesure de profiter immédiatement de cette faveur ; car les boutiques telles qu'on les a vues jusqu'en 1855, ne furent commencées qu'en 1775 et terminées en 1776. C'est donc 172 *ans après son achèvement*, que ce beau monument a été défiguré par les affreuses constructions qui heureusement n'existent plus aujourd'hui.

En 1789, les biens de *mainmorte* ayant été supprimés, ces boutiques devinrent propriété nationale et furent comme telles mises en vente quelques années après. Une seule trouva acquéreur et fut adjugée le 8 nivôse an VI à un sieur Pavy, moyennant 75 000 francs en assignats.

Une loi du 9 septembre 1807, ayant constitué le domaine des hospices de Paris, lui attribua les dix-neuf boutiques du pont Neuf restées propriété nationale.

Telle est l'origine des droits qui obligèrent l'État et la ville de Paris à payer en 1854 et 1855 à l'administration de l'assistance publique, une somme de 36o ooo francs pour les dix-neuf boutiques qui lui avaient été données en 18o7, et une somme de 48 ooo francs allouée par le jury d'expropriation à un sieur Lafeuillade, substitué aux droits du sieur Pavy pour la boutique achetée par ce dernier en l'an VI.

Le pont Neuf a subsisté dans son état primitif, sauf l'addition de ces boutiques, jusqu'à la fin du siècle dernier. Quelques réparations assez importantes paraissent avoir été faites sous le règne de Louis XVI ; mais à partir de cette époque son entretien fut entièrement négligé et quoiqu'on n'eût à concevoir aucune inquiétude sur la solidité de cet ouvrage, il avait en 183o l'apparence d'une véritable ruine.

Après la révolution de juillet, la nécessité de donner du travail aux ouvriers imprima une vive impulsion aux travaux publics dans Paris ; on s'occupa alors du pont Neuf, et l'on commença naturellement par la reprise en sous-œuvre des piles ; mais le travail s'arrêta là et toute la partie supérieure resta dans son état de vétusté jusqu'en 1848, époque à laquelle la même cause reproduisant les mêmes effets, la restauration de ce grand ouvrage fut de nouveau proposée par les ingénieurs et résolue par l'administration.

On ne se borna pas cette fois, à une simple reprise en sous-œuvre, et on décida qu'en conservant aux arches une hauteur suffisante pour le passage des bateaux, elles seraient baissées de manière à adoucir les pentes sur le pont et aux abords en les mettant plus en rapport avec les besoins d'une circulation toujours croissante (*).

Le projet, approuvé le 17 juillet 1848 par M. le ministre des travaux publics, évaluait la dépense à 1 715 ooo francs.

Les travaux commencés dans le cours de cette même année, n'ont été terminés qu'en 1855.

______

(*) Cette circulation était déjà en 1842 de 8o,ooo piétons et 1o,ooo chevaux par 24 heures. Elle est plus que doublée aujourd'hui.

La circulation que l'on ne pouvait pas songer à interrompre a été maintenue pendant les quatre années qu'ont duré les travaux de reprise des voûtes, parce qu'on avait établi sur les têtes du pont des échafaudages et des chemins de service qui permettaient l'apport des matériaux à pied d'œuvre sans passer par la voie publique. Cette circulation a été seulement un peu resserrée pendant la construction des trottoirs et de la chaussée parce qu'on a dû limiter le passage libre à la moitié de la largeur du pont sur toute sa longueur; mais elle n'a pas été interrompue complétement un seul jour. C'était un problème assez difficile à résoudre que celui qui consistait à concilier l'exécution de travaux de longue haleine, avec le maintien d'une circulation aussi importante, et l'on peut dire qu'il a été heureusement résolu.

Le pont Neuf a donc reçu à cette époque *une enveloppe* entièrement neuve, car non-seulement les douelles des voûtes ont été complétement refaites, mais aussi les parements des têtes, la corniche et les parapets.

En exécutant tous ces travaux, on a eu soin de conserver à ce grand ouvrage son architecture primitive et on ne l'a modifié que sous le rapport de l'amélioration de la voie publique, et l'adoucissement des pentes. On a baissé les trottoirs qui étaient élevés au-dessus de la chaussée et l'on a établi à la rencontre des quais de larges pans coupés qui offrent des dégagements précieux et donnent la plus grande facilité de circulation.

On a rétabli l'ancienne corniche dont les mascarons, attribués à Germain Pillon, ont été fidèlement copiés par d'habiles sculpteurs et afin de rendre au monument *son caractère primitif*, on a supprimé les boutiques en plaçant dans les hémicycles des bancs en pierre faisant corps avec les parapets, et de chaque côté desquels se trouvent des candélabres qui projettent une vive lumière sur la chaussée et les trottoirs. C'est une amélioration qui a coûté cher sans doute, mais il n'est pas possible de regretter les 440 000 fr.

qu'il a fallu payer quand on compare l'aspect actuel du pont Neuf à celui qu'il avait il y a vingt ans.

Les travanx de restauration et d'amélioration proprement dits , ont coûté 1,686.779 fr., o5, ci . .   1 686 779ᶠ.o5
Les indemnités se sont élevées à. . . . .   440 000ᶠ oo

Total. 2 126 779ᶠ.o5

Cette somme a été partagée par moitié entre l'État et la ville de Paris.

§ 4. Pont Marie.

Ce pont porte le nom de la personne qui l'a fait bâtir.

Suivant Sauval, il en aurait existé un à peu près dans le même endroit, en 1561, et qui portait le nom de Fust, mais il fut sans doute emporté et non rétabli, puisque le 19 avril 1614, messire Nicolas Brulart, chevalier seigneur de Sillery, alors chancelier de France, passa, au nom du roi Louis XIII, avec le sieur Christofle Marie, un contrat par lequel ce dernier s'engageait à construire à ses frais un pont en pierre pour passer du quartier Saint-Paul au quartier de la Tournelle, moyennant qu'il lui serait fait abandon des terrains alors non bâtis de l'île Saint-Louis (qui s'appelait l'île Notre-Dame), pour y construire des maisons.

C'est de cette époque que datent les maisons que l'on voit encore aujourd'hui dans cette île, et les rues qui par la régularité de leur tracé dénotent un plan conçu et exécuté avec ensemble.

Le 11 décembre de cette année 1614, le roi Louis XIII et la reine-mère, Marie de Médicis, posèrent la première pierre de ce pont, qui ne fut achevé qu'en 1635 par le sieur Jean Delagrange, auquel la concession primitivement faite fut transportée, ainsi que le prouve un contrat existant dans les archives des travaux publics, portant la date du 16 septembre 1623 et passé avec ledit sieur Jean Delagrange « *pour la continuation du bâtiment des ponts, quais et re-*

« *vétements des îles Notre-Dame de Paris, encommencés par*
« *Christofle Marie.* »

Le pont Marie était originairement couvert de maisons
comme le pont Notre-Dame, le Petit-Pont, le pont au Change
et le pont Saint-Michel et l'on voit par un édit du roi
Louis XVI, enregistré au parlement le 7 septembre 1786,
que ces maisons subsistaient encore à cette époque.

Les deux arches attenantes à l'île Saint-Louis furent em-
portées par la grande crue de la Seine de 1658, et n'étaient
pas encore rétablies en 1664. Elles l'ont été ensuite, et le
pont est resté tel qu'on le voit aujourd'hui à l'exception
des maisons qui le recouvraient et qui ont été démolies en
exécution de l'édit relaté ci-dessus.

Ce pont est composé de cinq arches en plein cintre
offrant un débouché linéaire de 75^m.82.

La plus large a 17^m.65 et la plus étroite 13^m.76. La distance entre les culées est de 92^m.27.

La largeur entre les têtes est de 23^m.60, celle entre les
parapets de 22^m.60, partagée entre la chaussée qui a 14^m.70
et les trottoirs qui ont ensemble 7^m.90.

L'architecture des têtes, et notamment les niches pra-
tiquées dans les tympans, au-dessus des avant et arrière-
becs, rappellent l'élévation de l'ancien pont Saint-Michel
qui a été démoli en 1857, et qui datait effectivement de la
même époque.

Nous n'avons trouvé aucun renseignement sur la dépense
à laquelle l'établissement du pont Marie a donné lieu.

§ 5. *Ancien pont Saint-Michel.*

Le plus ancien des ponts construits dans l'emplacement
du pont Saint-Michel, date, dit-on, de l'année 1384.

On sait que le 9 décembre 1547, un pont en bois qui
existait à cet endroit, fut ébranlé par le choc de quelques
bateaux et qu'il tomba dans la rivière. que ce pont ayant

été refait, fut de nouveau détruit le 5o janvier 1616 par la violence des glaces que' « *la rivière charria en telle abon-* « *dance cette année là, que tous les bateaux qui étaient au* « *port au Foin jusqu'à la Grève furent brisés et engloutis* « *dans les flots.* »

Ce pont fut alors reconstruit en pierre et en le démolissant en 1857, on a retrouvé dans ses fondations une plaque en cuivre sur laquelle était gravée une inscription latine, avec deux médailles l'une en argent, l'autre en vermeil portant l'effigie du roi Louis XIII alors âgé de 16 ans. Ces objets sont déposés au musée de Cluny.

Voici le texte de l'inscription qui fait connaître la date de la pose de la première pierre par le roi en personne.

Ludovicus pius tertius a decimo Galliarum et Navarræ rex christianis., ponti ligneo moles lapideas substituens anni perenni perenne nomen et monumentum, hoc catathema posuit, 21 septembre 1617.

Ce pont dont la largeur entre les têtes était de 24^m.74, était bordé de deux rangs de maisons qui réduisaient la largeur du passage entre elles à 7^m,80. La démolition de ces maisons était indiquée dans le programme des travaux d'embellissement mentionnés dans les lettres patentes du 21 avril 1769.

L'édit de septembre 1786 en ordonnait l'exécution, mais les événements de la révolution retardèrent cette amélioration, qui ne s'accomplit qu'en vertu d'un décret impérial daté du camp de Tilsitt, le 8 juillet 1807.

Ce pont dont la longueur était de 61 mètres était composé de quatre arches ; celles du milieu avaient 14^m.10 et 13^m.98 ; celles de rive ayant 10^m. et 9^m,92 étaient masquées complétement jusqu'à 4 mètres au-dessus de l'étiage par des banquettes de halage et de contre-halage.

Le tympan du milieu sur la tête d'aval était décoré par une statue équestre en bronze du roi Louis XIII qui fut enlevée lors de la révolution.

Les deux tympans latéraux étaient ornés de niches placées au-dessus des avant et arrière-becs.

Ce pont dont l'alignement ne s'accordait pas avec la direction donnée au boulevard de Sébastopol, rive gauche, a été remplacé en 1857 par celui qui existe aujourd'hui et dont nous parlerons plus loin.

§ 6. *Ancien pont au Double.*

Ce pont fut construit pour les besoins de l'Hôtel-Dieu. En 1625, les administrateurs de cet hospice occupés du soin de l'agrandir firent construire le long de la rivière une voûte pour élever au-dessus une salle de malades et demandèrent en même temps la permission, pour faciliter la communication entre les bâtiments situés sur les deux rives, de faire construire un pont qui ne fut achevé qu'en 1634. Par lettres patentes de la même année, le roi Louis XIII ordonna que les gens à cheval qui passeraient sur ce pont payeraient un *double tournoi*, et les gens à pied *six deniers*, pour être employés à son entretien. De là le nom qui lui a été donné. Le péage a été supprimé en 1789, mais le nom est resté.

Ce pont était composé de deux arches en plein cintre de 15^m.96 et de 11^m.78 de largeur séparées par une pile de 5^m.95 d'épaisseur. Il a subsisté jusqu'en 1847, époque à laquelle il a été remplacé, dans l'intérêt de la navigation, par l'arche en arc de cercle qui existe aujourd'hui, et dont nous parlerons plus loin.

§ 7. *Ancien pont Saint-Charles.*

Immédiatement au-dessous du pont au Double, il existait un pont qui avait été construit en 1606, pour mettre en communication les bâtiments de l'hospice avec une salle dite de *Saint-Charles* construite sur la rive gauche du petit bras, et sur un terrain que Henri IV avait accordé à l'Hôtel-Dieu.

Ce pont a subsisté jusqu'en 1852, époque à laquelle il a été remplacé par la passerelle en charpente que l'on voit aujourd'hui, et qui est destinée à disparaître avec les bâtiments qu'elle met en communication.

§ 8. *Ancien pont au Change.*

L'existence d'un pont en bois sur le bras droit de la Seine, à ou près l'emplacement du pont au Change est antérieure à l'établissement de la domination romaine dans les Gaules. L'histoire nous apprend qu'il fut détruit par Labienus, lieutenant de César, environ un demi-siècle avant notre ère, lors de la résistance organisée à Lutèce par le chef gaulois Camulogène (*). Depuis cette époque, ce pont fut plusieurs fois construit et reconstruit. Ainsi que nous l'avons dit au commencement de cette notice, on le désignait sous le nom de Grand-Pont, par opposition au pont établi sur le petit bras et qui portait déjà le nom de Petit-Pont. Il conserva ce nom de Grand-Pont jusqu'en 1141, époque à laquelle Louis VII ordonna que son change y fût établi ainsi que les boutiques de tous les changeurs de Paris. Depuis lors il a toujours été appelé le pont au Change et en 1618 il y avait encore des orfévres d'un côté et des changeurs de l'autre.

Ce pont a été emporté plusieurs fois par les débordements ou par les glaces et plusieurs fois rétabli tantôt en pierre tantôt en bois, lorsqu'il fut consumé par un incendie le 24 octobre 1621.

Après cet incendie les changeurs demandèrent à le reconstruire à leurs frais avec autorisation d'y mettre des maisons et réclamèrent en même temps des subsides pour ce travail. L'autorisation leur fut accordée par édit de mai 1639, enregistré le 22 août et indépendamment des indemnités à payer aux maisons voisines que le roi prit à sa charge,

---

(*) *Commentaires de César*, livre VIII.

il affecta à la reconstruction de ce pont une somme de 35o ooo livres à prendre sur les deniers extraordinaires.

Les travaux, commencés sous le règne de Louis XIII, en 1639, ne furent achevés qu'en 1647, pendant la minorité de Louis XIV sous la régence d'Anne d'Autriche.

Hurtaut et Magny, dans leur *Dictionnaire historique de la ville de Paris*, font connaître qu'en 1779 on voyait encore, du côté de la rue Saint-Denis ou du grand Châtelet, sur une maison qui faisait face au pont, la statue du roi Louis XIV, à l'âge de dix ans environ, couronné par les mains d'une victoire. Cette figure était élevée sur un piédestal de chaque côté duquel le roi Louis XIII et la reine Anne d'Autriche étaient représentés en bronze de grandeur naturelle, sur un fond de marbre noir et avec leurs habits royaux. Ces statues étaient placées sous un arc orné de deux pilastres ioniques et d'un fronton dans lequel étaient les armes de France et d'Autriche accolées. Il y avait au bas des captifs représentés en demi-relief, et on lisait, sur le piédestal qui portait la figure de Louis XIV, l'inscription suivante :

> Ce pont a été commencé le 19 de septembre 1639 du glorieux règne de Louis XIII, le Juste, et achevé le 20 d'octobre 1647 régnant Louis XIV sous l'heureuse régence de la reine Anne d'Autriche, sa mère.

Ce pont était composé de sept arches dont six en rivière, et une sous le quai de Gèvres sous lequel on avait ménagé le canal dont nous avons parlé à l'article du pont Notre-Dame et qui était destiné à augmenter le débouché de ce pont en prenant les eaux en amont et en les rendant à leur cours principal, en aval du pont au Change.

L'ouverture des arches, qui avaient sensiblement la forme de pleins cintres, variait entre 10^m.64 et 15^m.62. Ce pont, dont la largeur entre les têtes était de 31^m.60, portait, comme presque tous les ponts de Paris, à cette époque, deux rangs de maisons dont la démolition a été ordonnée par l'édit du roi du 7 septembre 1786, dont nous avons déjà parlé.

Tout près du pont au Change, il y en avait un autre qui fut appelé d'abord le pont aux Colombes parce que l'on y vendait de ces oiseaux, puis le pont aux Meuniers, parce qu'il fut occupé par des meuniers qui firent bâtir des moulins entre ses arches, et enfin le pont Marchand, parce que Charles Marchand, colonel des arquebusiers et archers de la ville, fit reconstruire à ses frais celui qui tomba le 22 septembre 1596, à la condition que ce pont porterait à l'avenir le nom de pont Marchand.

L'ouvrage fut commencé en 1608 et achevé en 1609. Ce Charles Marchand avait fait mettre aux deux bouts deux tables de marbre noir sur lesquelles étaient gravés ces deux vers :

Pons olim submersus aquis, nunc mole resurgo
Mercator fecit nomen et ipse dedit
1608.

Ce pont fut détruit comme le pont au Change par l'incendie du 24 octobre 1621 dont il a été question ci-dessus, et tous deux furent remplacés par le pont en pierre qui a subsisté depuis 1647 jusqu'en 1859, époque à laquelle il a été démoli pour faire place à celui qui a été construit à l'occasion du percement du boulevard de Sébastopol (rive droite).

§ 9. Pont de la Tournelle.

Dans un acte de 1571 rapporté par Sauval, il est dit : « Que le pont de Fust, d'entre l'île Notre-Dame (aujour-« d'hui île Saint-Louis) et Saint-Bernard fut planchéié en « septembre 1570. »

Il résulterait de ce fait que, dans le XIVe siècle, il existait un pont en bois situé à peu près à l'emplacement du pont de la Tournelle.

Ce pont, dont l'existence n'est révélée que par ce document, ne paraît avoir eu qu'une courte durée, car, sur divers plans de Paris remontant au XVIe siècle, aucun pont rattachant l'île à l'une ou l'autre des deux rives n'est mentionné.

Lors du premier traité passé le 19 avril 1614 avec le sieur Christofle Marie pour couvrir l'île Saint-Louis de constructions, le concessionnaire n'était obligé qu'à la construction d'un seul pont qui devait être en pierre et relié à la rive droite (le pont Marie). Ce traité ayant été cédé en 1623 par le sieur Marie au sieur de Lagrange, reçut diverses modifications mentionnées dans le nouveau contrat portant la date du 16 septembre 1623, et, parmi ces modifications, figure l'obligation « de rattacher en outre l'île à la Cité par « un pont en bois, et à l'Université par un pont en pierre en « arcades du côté de la Tournelle (*). » Ce pont, qui néanmoins paraît n'avoir été construit qu'en bois, fut emporté en 1657 par les eaux et reconstruit en bois ; endommagé en 1648 et presque complétement détruit en 1651, il fut alors reconstruit en pierre.

Les lettres patentes du 9 juillet 1654 ordonnèrent que « le « prévôt des marchands et les échevins y feraient incessam- « ment travailler suivant l'adjudication qui en avait été faite « au bureau de la ville, au sieur Noblet et à ses associés, « qu'ils en avanceraient les frais et emprunteraient même « les deniers, s'il était nécessaire, pour en être remboursés « sur le péage de 2 deniers par personne, 6 deniers par « homme à cheval et 12 deniers par chariot ou carrosse. »

Leniaire, dans son ouvrage intitulé *Paris ancien et nouveau*, fait connaître qu'il existait en 1685 une plaque de marbre posée du côté de l'île Saint-Louis et sur laquelle on lisait :

Du règne de Louis XIV
De la prévoté de Messire
Alexandre de Sève, prévôt
des Marchands, ce présent
pont a été bâti.

(*) La Tournelle, située près la porte Saint-Bernard, était le lieu où l'on enfermait les condamnés aux galères.

Et plus bas ces deux vers :

Aediles recreant submersum flumine pontem
Non est officii, sed pietatis opus
1656.

Cette inscription marque bien qu'il y avait en cet endroit, comme nous l'avons dit plus haut, un pont qui avait été emporté.

Le pont de la Tournelle et le pont Neuf dont nous avons parlé ci-dessus, étaient les deux seuls à Paris qui ne fussent pas alors recouverts de maisons.

Ce pont est le même qui subsiste aujourd'hui : toutefois des réparations et améliorations consistant dans l'abaissement de la chaussée et dans son élargissement au moyen d'arcs métalliques portant sur les avant et arrière-becs y furent exécutées pendant les années 1845 à 1848. Les dépenses faites pour ces travaux se sont élevées à près de 500 000 francs.

Ce pont est composé de six arches en plein cintre présentant ensemble un débouché linéaire de $95^m.80$. La plus large a $17^m.48$ et la plus étroite $15^m.55$. La distance entre les culées est de $117^m.88$; la largeur entre les têtes de $13^m.80$; mais, par suite de la disposition en encorbellement adoptée pour les trottoirs, la distance entre les garde-corps en fonte qui surmontent les arcs dont il vient d'être question, est de $16^m.30$, dont $10^m.50$ pour la chaussée et 6 mètres pour les deux trottoirs ensemble.

Les piles ont une épaisseur démesurée et reposent sur des enrochements dont la saillie sur les parements des pieds-droits réduit encore le débouché des arches d'une manière très-préjudiciable à la navigation et à l'écoulement des eaux. Aussi le passage des bateaux y est-il très-difficile, et la chute de l'amont à l'aval presque aussi forte qu'au pont Notre-Dame.

Nous n'avons aucun renseignement sur la dépense à laquelle a donné lieu la construction du pont de la Tournelle.

§ 10. *Pont Royal.*

Le pont Royal **a** été bâti en remplacement d'un pont en bois que Barbier, contrôleur général des bois de l'Ile-de-France, avait fait construire en 1632 dans le prolongement de la rue de Beaune, suivant la permission que le roi Louis XIII lui avait accordée.

Ce pont était appelé le pont Rouge, parce qu'il était peint en rouge suivant les uns, ou parce que, suivant d'autres, les maisons avoisinantes sur le quai étaient construites en briques. On l'appelait quelquefois le pont Sainte-Anne, en l'honneur de la reine Anne d'Autriche, et aussi le pont des Tuileries.

Avant sa construction, on passait en cet endroit la rivière en bateau ; de là le nom de rue du Bac que porte encore aujourd'hui la rue qui se trouvait en face de ce passage.

Ce pont était en bois et fut brûlé en 1656, ainsi qu'une machine établie à côté pour élever l'eau. Le sieur Laurent Tonti proposa alors de le reconstruire avec le produit d'une loterie, ce qui donna lieu aux lettres patentes de 1656 ; mais cette loterie n'eut probablement pas de suite, car le pont fut reconstruit en bois, et ayant été emporté le 20 février 1684 par une débâcle de glaces, Louis XIV résolut de le faire rétablir en pierre de ses deniers, tel qu'il existe maintenant.

Le devis que nous avons retrouvé dans nos archives porte la date du 5 janvier 1685, et les travaux ont été exécutés par le sieur Jacques Gabriel, architecte du roi, en vertu d'un arrêt rendu le 10 mars suivant.

La rédaction du projet est attribuée à Jules Hardouin Mansard, alors premier architecte du roi, mais la direction des travaux a été confiée au frère François Romain, originaire de la ville de Gand, religieux convers-profès de l'ordre de Saint-Dominique, qui venait d'achever la première arche du pont de Maestricht, et qui avait reçu pour ce travail une gratification considérable des États de Hollande (*).

Ce pont est composé de cinq arches en plein cintre offrant ensemble un débouché linéaire de 109ᵐ.20. La plus large (celle du milieu) a 23 mètres de largeur et 11ᵐ.50 de hauteur sous clef au-dessus de l'étiage. Les deux arches de rive ont chacune 20ᵐ.50 et celles adjacentes 22ᵐ.60. La largeur entre les têtes est de 17 mètres, celle de la chaussée de 10ᵐ.45 et celle des trottoirs ensemble de 6 mètres.

Il est raccordé avec les quais au moyen de trompes ou pans coupés qui partent du milieu des arches de rive et qui facilitent beaucoup la circulation.

Ce pont est entièrement en pierre de taille. La première pierre a été posée le 25 octobre 1685. A cette époque, treize médailles ont été placées dans une boîte en bois de cèdre qui elle-même a été renfermée dans une boîte en plomb, et toutes deux ont été scellées dans une pierre de la neuvième assise de la pile la plus rapprochée du palais des Tuileries.

(*) Le frère Romain était sans doute un habile ingénieur puisque l'on voit, en lisant un arrêt du Conseil du 11 novembre 1695, qu'il a été chargé de faire les devis, visites, réceptions des ouvrages des Ponts et Chaussées de la généralité de Paris, lequel arrêt fait mention dans les termes suivants de sa coopération aux travaux du pont Royal :

« Le roi voulant commettre une personne intelligente et capable pour faire les visites, dresser les devis et les rapports pour la réception des ouvrages des Ponts et Chaussées, réparation des bâtiments dépendant des domaines de Sa Majesté et autres ouvrages publics dans la généralité de Paris, au lieu du sieur Bruant qui ne se trouve plus par ses incommodités en état de les faire ; et Sa Majesté étant informée de la capacité du frère François Romain, convers-profès de l'ordre des Dominicains, natif de Gand, par la conduite et inspection qu'il a eue du pont des Tuileries que Sa Majesté a fait construire en 1685 vis-à-vis le gros pavillon de son palais des Tuileries, etc..... Sa Majesté en son Conseil a commis et commet le frère François Romain pour faire les visites, dresser les plans et devis, etc..... »

Au fond de la boîte on a mis une plaque en cuivre portant cette inscription :

> Ludovicus Magnus, Rex Christianissimus
> Devictis hostibus, pace Europæ indicta
> Regine civitatis commodo intentus
> Pontem lapideum ligneo et caduco
> Ad luparam substituit
> Anno MDCLXXXV.

La plus grande de toutes les médailles est en or ; elle porte d'un côté le buste du roi avec ces mots autour :

> Ludovicus Magnus, Rex Christianissimus

et de l'autre cette inscription :

> Urbis ornamento et commodo Pons ad luparam
> Constr. Anno 1685.

Les douze autres médailles rappellent les événements les plus mémorables du règne de Louis XIV jusqu'à cette époque, savoir :

La première, le traité de paix signé à Nomeni le 1er septembre 1663.

La deuxième, la réparation exigée pour l'insulte faite à Rome au duc de Créqui, ambassadeur de France en 1664.

La troisième, le combat de Saint-Gothard où les troupes françaises défirent les Turcs le 1er août 1664.

La quatrième, la fameuse devise « *Nec pluribus impar* », 1672.

La cinquième, le passage du Rhin, le 12 juin 1672.

La sixième, la médaille frappée à cette occasion par la ville de Paris, 1672.

La septième, la paix de Nimègue, 1675.

La huitième, la prise de Casal, 1681.

La neuvième, la trêve de Ratisbonne, 1684.

La dixième, la reddition de Luxembourg, le 4 juin 1684.

La onzième, la soumission faite au roi par l'ambassadeur d'Alger, le 4 juillet 1684.

Et enfin la douzième, le bombardement de Gênes en mai 1684.

Ce pont, qui a été commencé en 1685, était entièrement terminé en 1689, puisqu'un arrêt du conseil d'État du 20 septembre a homologué le procès-verbal de sa réception définitive qui avait été faite le 15 juin précédent.

Cet arrêt, qui statue sur des demandes d'augmentation faites par l'entrepreneur à l'occasion des difficultés survenues en cours d'exécution, fait connaître en même temps le montant de l'estimation du projet qui était de 675 000 livres et celui des ouvrages en augmentation qui a été arrêté à la somme de 67 171 livres 11 sols, de telle sorte que la dépense totale de construction du pont Royal s'est élevée à la somme de 742 171 livres 11 sols.

Si l'on voulait comparer cette dépense à celle qu'occasionnerait aujourd'hui la construction d'un pareil ouvrage, il ne faudrait pas perdre de vue que la valeur de la livre tournois de 1685 correspond à 1f.85 de notre monnaie, de telle sorte que les 742 171 livres 11 sols ci-dessus représentent aujourd'hui 1 375 000 francs en nombre rond.

En se reportant aux prix de revient des ponts construits à Paris dans ces derniers temps, et que nous donnerons à la fin de ce mémoire, on peut affirmer que le pont Royal coûterait moins cher aujourd'hui qu'il n'a coûté en 1685.

§ 11. *Pont de la Concorde.*

Un siècle s'est écoulé entre l'achèvement des travaux du pont Royal dont nous venons de parler et le commencement des travaux du pont de la Concorde. Durant cet espace de temps il n'a pas été entrepris d'autres travaux de ponts à Paris que ceux relatifs au rétablissement du Petit-Pont détruit par un incendie et dont nous avons parlé ci-dessus (p. 9).

L'édit du roi enregistré au parlement le 7 septembre

1786, qui a ordonné la démolition des maisons situées sur le pont Marie, le pont au Change et le pont Saint-Michel, conformément à un ancien projet approuvé en 1769, a prescrit en même temps la construction d'un nouveau pont en face la place Louis XV.

Une ordonnance du prévôt des marchands du 25 septembre de la même année 1786, a chargé M. Perronet, architecte du roi, et ayant alors le titre de premier ingénieur des ponts et chaussées, de dresser le projet de ce nouveau pont (*).

Ce projet a été l'objet d'une adjudication passée le 27 février 1787, sur la mise à prix de 5 600 000 livres, et le sieur François Prévost, qui a fait le rabais le plus avantageux, en s'engageant à exécuter les travaux moyennant la somme de 2 995 000 livres, a été déclaré adjudicataire.

Aux termes du devis, les travaux devaient être exécutés dans le délai de cinq ans.

Voici les principales dispositions de ce grand et bel ouvrage :

Le pont est composé de cinq arches en arc de cercle reposant sur quatre piles et deux culées en maçonnerie fondées sur des plates-formes en charpente arasées à 1ᵐ.95 (6 pieds) (**) au-dessous de l'étiage et reposant elles-mêmes sur des pilotis.

Les quatre premières assises posées sur ces plates-formes ont chacune 0ᵐ.49 de hauteur (18 pouces), formant aussi retraite de 0ᵐ.49, ce qui donne 1ᵐ,95 (6 pieds) d'empate-

---

(*) Un acte passé le 10 octobre 1787 au bureau de la Ville de Paris, et approuvé par M. le baron de Breteuil, a fixé le traitement de M. Perronet à cent mille livres payables en 4 ans, savoir : 50,000 livres pour la rédaction du projet et 50,000 livres pour la direction des travaux.

(**) Nous donnons les dimensions en nouvelles mesures, mais nous mettons à côté entre parenthèse les cotes inscrites dans le devis et sur les dessins de Perronet.

ment au pourtour du nu des piles et des culées. A partir du dessus de la quatrième assise, c'est-à-dire du niveau de l'étiage, les piles s'élèvent d'aplomb avec une épaisseur uniforme de 2^m.92 (9 pieds) et les culées avec une épaisseur de 15^m.59 (48 pieds).

Les piles sont terminées par des avant et arrière-becs affectant la forme de colonnes engagées d'un quart de leur diamètre dans le corps des piles et élevées jusqu'au niveau de la corniche qui règne sur les deux têtes du pont.

Les demi-piles placées aux quatre angles du pont font également saillie des trois quarts de leur diamètre, tant sur le nu des têtes que sur celui des culées.

Perronet avait d'abord projeté pour ces piles des dispositions architectoniques semblables à celles qu'il avait appliquées au pont de Sainte-Maxence sur l'Oise, c'est-à-dire qu'au lieu d'être pleines elles devaient offrir un système de colonnes groupées, chaque pile étant composée de deux de ces groupes laissant entre eux une ouverture ou espèce de portique régnant dans toute la longueur du pont et dans le milieu de chaque pile ; mais déjà de tristes prévisions agitaient les esprits, les premiers signes de la révolution commençaient à se manifester, et le conseil des ponts et chaussées jugea qu'il était prudent de supprimer tout ce qui pouvait être une cause de retard dans l'achèvement des travaux. En conséquence il fut décidé que les piles seraient pleines.

La largeur entre les têtes est de 15^m.59 (48 pieds) dont 9^m.75 (30 pieds) réservés pour la chaussée, 4^m.87 (15 pieds) pour les deux trottoirs et 0^m.97 (3 pieds) pour les parapets à balustres qui les bordent.

La largeur des arches est :

De 25^m,34 (78 pieds) pour celles de rive ;
De 28^m,26 (87 pieds) pour celles adjacentes ;
De 31^m,19 (96 pieds) pour l'arche du milieu.

Dans son projet, qui porte la date de 1786, Perronet avait donné à ces arches un surbaissement beaucoup plus grand que celui qu'il a adopté en exécution. On lit en effet dans son devis (articles 2, 5, et 4) que les arches de rive devaient avoir 6 pieds de flèche seulement pour 78 pieds de corde, celles adjacentes 8 pieds 2 pouces 2 lignes pour 87 pieds, et celle du milieu 9 pieds 2 pouces 6 lignes pour 96 pieds, c'est-à-dire que le surbaissement devait dépasser le dixième de la corde dans la plus grande arche et atteindre même le treizième dans les arches de rive.

Il faut croire que Perronet a craint les effets d'un pareil surbaissement, puisqu'il a modifié son projet sous ce rapport, ainsi que le prouve un dessin sans date que nous avons retrouvé dans nos archives et sur lequel il a tracé les courbes de pose et celles qu'il supposait que les arches affecteraient après le décintrement. On voit en effet, d'après les cotes inscrites sur ce dessin :

1° Qu'il a baissé de 6 pouces le niveau des naissances des arches en les fixant à 17 pieds 6 pouces au-dessus de l'étiage, afin de réduire d'autant la hauteur totale du pont qui allait être augmentée par l'effet de l'accroissement de la flèche.

2° Qu'il a porté la flèche des arcs de rive à

$$9 \text{ pieds } 9 \text{ pouces } (3^m,17),$$

celle des arches adjacentes à

$$12 \text{ pieds } 2 \text{ pouces } (3^m,90),$$

et celle de l'arche du milieu à

$$13 \text{ pieds } 3 \text{ pouces } (4^m,30),$$

en admettant pour les premières un tassement de 15 pouces ($0^m.40$) au décintrement, de 16 pouces ($0^m.43$) pour les secondes et 18 pouces ($0^m.49$) pour l'arche centrale, ce qui aurait réduit les flèches à $2^m.77$, $3^m.47$, $3^m.81$. L'abaissement ne paraît pas avoir été aussi considérable que Perronet l'avait supposé, puisque les flèches actuelles sont :

$$2^m,98, \quad 3^m,68 \quad et \quad 3^m,97.$$

Le tassement n'aurait été en réalité que de :

o^m,19 (3^m,17-2^m,98) pour les arches de rive,
o^m,22 (3^m,90-3^m,68) pour celles adjacentes,
o^m,53 (4^m,50-3^m,97) pour l'arche centrale.

Le rapport de la flèche à la corde qui, dans le projet de Perronet, variait du treizième au dixième, ne dépasse pas, comme on le voit, le huitième dans l'arche la plus surbaissée.

Un journal tenu pendant l'exécution des travaux, que nous avons retrouvé dans nos archives, qui est signé de M. Dumoustier, alors ingénieur en chef, et qui porte la date du 15 octobre 1790, fait connaître que l'année 1787 a été employée à fonder la culée du côté de la place Louis XV, ainsi que la première pile de ce côté. En 1788, on a fondé l'autre culée, ainsi que la troisième et la quatrième pile.

Le 11 août de cette même année, a eu lieu la cérémonie de la pose de la première pierre, à l'occasion de laquelle une boîte renfermant une médaille d'or, deux médailles d'argent et trois médailles de bronze, a été posée dans le corps de la pile la plus rapprochée de la place Louis XV (*).

En 1789, on a fondé la dernière pile et l'on a pris les dispositions nécessaires pour la construction des cintres et des voûtes qui ont été fermées en 1790. Le journal des travaux nous apprend qu'il restait à faire à la fin de cette année « la pose des pierres et maçonneries pour remplir les « reins des voûtes, les avant et arrière-becs des piles et des « culées, la pose de l'entablement, la chape générale en ci-

---

(*) Ces médailles représentent d'un côté le buste du Roi avec cette légende : *Louis XVI. Roi de France et de Navarre*, et à l'exergue : *Ville de Paris;* et de l'autre une perspective du pont et

« ment sur toute l'étendue du pont et des culées, les trot-
« toirs, le pavé du pont et de ses abords. » Ces travaux ont
été exécutés en 1791 et étaient terminés lorsque la révolution éclata.

Perronet était alors âgé de quatre-vingt-trois ans, et il
mourut le 27 février 1794, dans sa quatre-vingt-sixième
année.

Nous ne savons pas au juste ce qu'a coûté la construction de ce pont. L'adjudication avait été passée, comme
nous l'avons dit , pour la somme de 2 993 000 livres ;
mais le journal des travaux nous apprend qu'avant leur
achèvement et dès la fin de la campagne de 1790 , on
prévoyait des augmentations de dépense que l'on se
proposait de comprendre dans les évaluations du projet

---

de la Ville avec cet exergue : *Pont de Louis XVI*, 1788. L'inscription suivante a été gravée sur la planche de cuivre clouée sur cette
boîte :

1788. Le lundi 11 août du règne de Louis XVI.
Le Roi ayant chargé la Ville de Paris de faire en son nom la
cérémonie de la pose de la première pierre du pont de
Louis XVI, cette première pierre de fondation a été posée
par Messire Louis Le Peletier, Chevalier, Marquis de Mont-
mélian, Seigneur de Mortefontaine, Plailly, Beaupré, Othis
et autres lieux, Grand trésorier, Commandeur de l Ordre du
Saint-Esprit, Conseiller d'État, Prévôt des Marchands ;
MM. J.-B. Guyot, Ecuyer, Doyen des quartiniers et ancien
Juge Consul ; J.-B. Dorival, Ecuyer, Avocat en Parlement,
Commissaire au Châtelet ; J.-B. Buffault, Chevalier de l'Ordre
du Roi, son Conseiller en l'Hôtel-de-Ville ; Charles-Barnabé
Sageret, Ecuyer, ancien Consul ; tous quatre Echevins. Mes-
sire Dominique-L. Ethis de Corny, Chevalier de l'Ordre royal
et militaire de Saint-Louis et de l'Ordre de Cincinnatus,
Avocat et Procureur du Roi ; M. Fr.-Joseph Veytard, Ecuyer,
Trésorier général de l'Ordre royal et militaire de Saint-
Louis, Greffier en chef ; et M. P.-Armand Vallet de Ville-
neuve, Ecuyer, Trésorier général de la Ville.
Ce pont exécuté sur les dessins et sous la conduite de M. J.-Ro-
dolphe Perronet, premier Ingénieur des Ponts-et-Chaussées
de France, de l'Académie royale des Sciences de Paris, de la
Société royale de Londres et autres.

à faire pour la construction du quai Bourbon, aujourd'hui quai d'Orsay.

Le pont Louis XVI est incontestablement le plus beau pont de Paris. Il a aujourd'hui plus de soixante-dix ans d'existence, et il n'a été dépassé par aucun de ceux qui ont été construits depuis. On peut cependant regretter qu'il n'ait pas plus de largeur entre les têtes. Un jour viendra et il n'est peut-être pas bien éloigné, où de nouveaux percements sur la rive gauche de la Seine rendront cet élargissement nécessaire.

Heureusement on pourra l'opérer sans rien changer, nous le croyons du moins, aux dispositions architecturales de ce bel ouvrage et en lui conservant le caractère monumental que lui a donné son illustre auteur. Il suffira pour cela de profiter des larges empatements dont nous avons parlé ci-dessus et qui règnent au pourtour des piles et des culées pour transporter les têtes parallèlement à elles-mêmes, pour ainsi dire, sans avoir besoin d'établir de nouvelles fondations. On pourra par ce moyen augmenter de près de 5 mètres la largeur du pont entre les têtes et lui donner la même largeur de 20 mètres qu'au pont de Solferino.

Les ingénieurs qui auront peut-être à exécuter ce travail tiendront sans doute, comme nous y tiendrions nous-même, à respecter complétement l'œuvre de Perronet en l'appropriant seulement aux nouveaux besoins de la circulation parisienne.

CHAPITRE II.

PÉRIODE DE L'EMPIRE.

§ 12. Ancien pont d'Austerlitz.

Le besoin d'une communication autre que celle qui existait à l'aide de simples batelets entre le faubourg Saint-Antoine et le quartier du Jardin-des-Plantes se faisait déjà sentir dans le courant du siècle dernier.

Nous avons retrouvé dans nos archives quelques pièces

d'un projet de pont en bois rédigé par le célèbre Perronet pour cette localité et portant la date du 15 avril 1773. Ce pont devait avoir 112 toises d'une culée à l'autre et 24 pieds de largeur. Il devait être composé de deux culées en maçonnerie de six palées en charpente et de sept travées de 90 pieds de largeur chacune. La dépense était évaluée à 339 995 livres 2 sous 11 deniers.

Ce projet étant resté sans exécution, M. le comte de Buffon, alors directeur du jardin des Plantes, chercha dix ans plus tard (en 1783) à faire substituer deux bacs aux simples batelets qui servaient à transporter les piétons d'une rive à l'autre.

En 1788, un sieur Guerne, maître-charpentier de la ville de Paris, présenta un projet de pont en charpente dont la dépense, évaluée à 1 477 455 livres, devait être couverte à l'aide d'une concession de péage.

La Révolution mit à néant tous ces projets et le xviiie siècle prit fin sans qu'il eût été apporté aucun changement à l'état des communications entre les deux rives de cette partie de la Seine.

Aussitôt que l'ordre fut rétabli, la question fut reprise, et une loi du 24 ventôse an IX (15 mars 1801) ordonna la construction de trois nouveaux ponts à Paris et autorisa le gouvernement à concéder la jouissance d'un droit de péage à la compagnie qui consentirait à fournir les fonds nécessaires à leur construction.

Ces trois ponts devaient être établis, le premier entre le jardin des Plantes et l'Arsenal, le second entre l'île de la Cité et l'île Saint-Louis, et le troisième, destiné à livrer simplement passage aux piétons, entre le palais du Louvre et celui des Quatre-Nations.

Le premier de ces ponts est celui dont il s'agit ici. Il a reçu le nom d'Austerlitz en souvenir de la grande victoire remportée le 2 décembre 1805 sur les armées russe et autrichienne.

Il a été terminé cette même année.

Suivant le projet primitif qui avait servi de base à la concession, les arches devaient être en bois, mais le gouvernement proposa à la compagnie, qui venait de se former pour fournir les fonds, de les construire en fonte et de lui tenir compte de l'augmentation de dépense qui résulterait de ce changement en prolongeant sa jouissance *à raison d'une année pour chaque somme de* 40 000 *francs* qui serait dépensée au delà de l'évaluation primitive qui était d'un million pour l'ensemble des trois ponts, chiffre sur lequel la compagnie s'était constituée.

Cette modification aux dispositions de la loi du 24 ventôse an IX a été sanctionnée, non pas par une loi nouvelle, mais par un simple arrêté des Consuls du 4 thermidor an X (25 juillet 1802), ce qui a donné lieu, ainsi que nous l'expliquerons plus loin, à l'action intentée contre la compagnie touchant l'illégalité de la perception du droit de péage au delà du terme fixé par le contrat primitif.

Le pont a été alors composé de cinq arches en fonte et en arc de cercle de $32^m.36$ d'ouverture et de $3^m.23$ de flèche reposant sur des piles et culées en maçonnerie.

La largeur du passage entre les garde-corps était de $12^m.74$ dont $8^m.50$ réservés pour le passage des voitures et $2^m.12$ pour chaque trottoir.

Chaque arche était composée de sept fermes distantes entre elles de 2 mètres de milieu en milieu, chaque ferme comprenant vingt et un voussoirs de $1^m.60$ de largeur, $1^m.30$ de hauteur, $0^m.07$ d'épaisseur, chaque voussoir étant formé de trois arcs concentriques et de montants normaux à ces arcs.

Les tympans étaient remplis par des châssis en fonte composés de deux arcs concentriques et de montants normaux à ces deux arcs de même dimension que ceux des voussoirs et reposant sur ces derniers.

Les fermes étaient reliées entre elles par des entretoises

de 1ᵐ.95 de longueur disposées perpendiculairement au plan de chaque ferme et sur chaque joint, l'une répondant à l'arc supérieur et l'autre à l'arc inférieur des voussoirs.

Le poids des pièces de fonte entrant dans chaque arche était de 173 000 kilogrammes.

Les piles en pierre ne s'élevaient que jusqu'à la naissance des arches. Elles étaient fondées ainsi que les culées sur des pilotis et plates-formes en charpente.

Le plancher destiné à recevoir la chaussée et les trottoirs était en charpente et formé de pièces de pont posées transversalement sur les fermes, et de madriers jointifs.

L'écartement des pièces était maintenu par des écharpes en fer forgé placées en croix de Saint-André. Le plancher portait une chaussée en cailloutis et des trottoirs en dalles bordés par une balustrade en fer forgé.

Les travaux ont été exécutés sous la direction de M. Becquey de Beaupré, ingénieur en chef du département de la Seine, et de M. Lamandé, ingénieur ordinaire, qui, peu de temps après, construisit le pont d'Iéna, et qui est mort inspecteur général des ponts et chaussées en 1837.

Nous avons trouvé dans nos archives un document qui nous a fait connaître le chiffre de la dépense du pont d'Austerlitz. C'est l'ordonnance royale du 25 août 1814, sur laquelle nous entrerons dans plus de détails à l'article suivant. Cette ordonnance a fixé définitivement le montant de la dépense de construction des trois ponts concédés par la loi du 24 ventôse an IX et a homologué, pour celui d'Austerlitz, le chiffre de 2 479 427ᶠ.25, chiffre qui doit paraître exorbitant, puisqu'il fait ressortir le prix du mètre carré à 1 120 francs (*), presque double de celui des ponts que

---

(*) Longueur du pont entre les culées.. . . . .   173ᵐ.80
Largeur entre les garde-corps. 12ᵐ.74
Surface. . . . . 173ᵐ.80 × 12,74 .   2214ᵐ·ᵠ.21

Prix du mètre carré.. . . . . . $\dfrac{2\,479\,427 \text{ fr. } 25}{2214^{mq}.21}$ . .   1120 fr.

l'on construit aujourd'hui ; mais il ne faut pas perdre de vue que ce pont a été le premier pont en métal construit à Paris.

Le droit de péage perçu jusqu'à la révolution de 1848 au profit de la compagnie concessionnaire subsisterait encore aujourd'hui pour un terme de plus de trente ans, si le rachat n'avait pas été opéré par la ville de Paris pour ce pont comme pour ceux des Arts et de la Cité concédés à la même compagnie.

En parlant du pont des Arts, nous allons faire connaître dans quelles circonstances ce traité est intervenu et les conditions qu'il renferme.

Le pont d'Austerlitz a subsisté avec ses arches en fonte près d'un demi-siècle (de 1805 à 1854). Nous parlerons plus loin de la transformation qu'il a subie à cette époque.

§ 13. *Pont des Arts.*

Ce pont servant uniquement au passage des piétons est composé de piles et culées en maçonnerie sur lesquelles reposent des arcs en fonte supportant un tablier en charpente élevé à $9^m.76$ au-dessus de l'étiage.

Sa largeur entre les têtes est de $9^m.80$. Il était originairement composé de neuf arches d'une ouverture uniforme de 17 mètres. Avant la suppression de la première arche (rive gauche), opérée lors de la construction de l'écluse de la Monnaie, la distance entre les culées était de 165 mètres. Lors de la construction de cette écluse, le quai Conti a été élargi au détriment de la rivière et la première arche a été supprimée. On a démoli en même temps la première pile afin de transformer la deuxième arche en arche marinière dont la largeur a été portée à 22 mètres. Ce travail a été fait en 1852, et c'est à cette même époque qu'ont été placées les marches qui servent à accéder du quai Conti sur le pont. Celles qui existent sur le quai du Louvre ont été établies l'année suivante lors de l'exécution des travaux de nivellement de ce quai entre le Carrousel et le pont Neuf.

Le tablier du pont des Arts est composé de madriers non jointifs. On a fait en 1862, sur la travée attenant au quai Conti, un essai de bitumage qui a réussi et qui a été étendu l'année suivante à toute la surface du pont.

Le pont des Arts faisait partie de la même concession que le pont d'Austerlitz, comme nous l'avons dit à l'article précédent. Par conséquent la jouissance du droit de péage, primitivement limitée au 1er vendémiaire an XXXVI (23 septembre 1827), devait expirer à cette époque; mais, par suite de la substitution, dont nous avons parlé ci-dessus, de la fonte au bois dans la construction des arches du pont d'Austerlitz, la jouissance de la compagnie a été prorogée ; toutefois le terme précis de son expiration n'a été fixé que par l'ordonnance de 1814, parce que, d'après les termes mêmes de l'arrangement intervenu en l'an X entre le gouvernement et la compagnie, la durée de cette jouissance ne pouvait être fixée qu'après que le chiffre de la dépense totale faite pour la construction des trois ponts aurait été arrêté. Ce chiffre n'a été connu qu'en 1813 par les comptes dressés par les ingénieurs sous la direction desquels les travaux avaient été exécutés, et le tableau suivant fait voir dans quelle énorme proportion les prévisions de dépense ont été dépassées.

DÉSIGNATION DES PONTS.	DÉPENSES prévues.	DÉPENSES faites.	EXCÉDANTS.
	francs.	francs.	francs.
Pont d'Austerlitz.	1 155 318.72	2 479 427.25	1 324 108.53
Pont de la Cité.	218 204.00	523 914.91	305 710.91
Pont des Arts.	255 510.02	787 655.65	532 145.63
Totaux.	1 629 032.74	3 790 997.81	2 161 965.07

C'est alors qu'est intervenue l'ordonnance royale du

25 août 1814 dont nous avons parlé (p. 36), rendue en exécution de l'arrêté consulaire de l'an X, et qui a définitivement arrêté le chiffre des dépenses à 5 790 997^f,81 et fixé le terme de l'expiration de la concession au 30 juin 1897.

La compagnie connue sous le nom de Compagnie des trois anciens ponts, jouirait donc encore pour longtemps de sa concession sans les événements de 1848 qui en ont amené le rachat. Quelques années auparavant, en 1844, plusieurs particuliers avaient attaqué la légalité des actes en vertu desquels la perception du droit de péage avait été continuée au delà du terme primitivement fixé (23 septembre 1827). Ils prétendaient que les conditions de la loi de l'an IX n'avaient pas pu être modifiées par l'arrêté des Consuls de l'an X qui était simplement un acte émané du pouvoir exécutif.

Le débat, porté d'abord devant les tribunaux, est arrivé, par suite du conflit élevé par le préfet de la Seine, devant le conseil d'État qui a retenu l'affaire en renvoyant seulement les parties devant l'autorité judiciaire pour faire vider certaines questions relatives au défaut de publicité des actes administratifs postérieurs à l'arrêté des Consuls. La compagnie a obtenu gain de cause sur ces points par un jugement rendu le 2 août 1848, mais à cette époque le péage, violemment supprimé depuis le 24 février sur les trois ponts appartenant à la compagnie comme sur plusieurs autres ponts de Paris, n'était pas encore rétabli lorsque le gouvernement fit mettre à l'étude la question du rachat des ponts à péage dans l'intérieur de la capitale (*).

A la suite de cette étude un traité est intervenu le 3 fé-

(*) La Ville de Paris craignant les conséquences que pouvait avoir pour la tranquillité publique le rétablissement du péage sur les ponts de Paris, avait fortement insisté auprès du gouvernement pour que le rachat fût opéré à frais communs. Sur le refus du ministre des travaux publics de prendre à la charge de l'État la moitié

vrier 1849 entre le préfet de la Seine et les membres du conseil d'administration de la compagnie, traité approuvé par un décret du 30 juin suivant par lequel « la ville de « Paris s'est engagée à payer à la compagnie autant d'an- « nuités de 268 580 francs (évaluation du produit net des « trois ponts) qu'il restait d'années de jouissance à courir « depuis le 24 février 1848 jusqu'au 30 juin 1897. »

C'est en exécution de ce traité que le péage a été défini- tivement supprimé sur le pont des Arts en même temps que sur celui d'Austerlitz et sur celui de la Cité dont nous allons dire quelques mots.

§ 14. *Ancien pont de la Cité.*

Ce pont était composé de deux arches de 31 mètres d'ou- verture et de $1^m.95$ de flèche. Les culées et la pile étaient en maçonnerie. Les arches étaient en bois et fer avec revê- tissement de cuivre rouge. Des palplanches peintes recou- vraient la charpente et donnaient aux arches l'aspect d'ar- ches en maçonnerie.

Ce pont, achevé en 1803, et qui figure dans le tableau que nous avons donné à l'article précédent pour une somme de $523\,914^f.91$, menaçait déjà ruine en 1811 et fut rem- placé en 1819 par une simple passerelle en charpente qui fut construite aux frais de l'État, parce que la compagnie, se considérant comme simplement chargée de fournir les ca- pitaux nécessaires à la construction des trois ponts qui avaient fait l'objet de la loi de 1801, déclina constamment la responsabilité de l'exécution des travaux auxquels elle n'avait pris aucune part. Cette passerelle fut elle-même remplacée en 1842 par la passerelle suspendue qui a été

de la dépense, la ville a consenti à se charger seule du rachat, sous la condition que la part de l'État dans l'entretien du pavé de Paris serait augmentée d'une somme annuelle de 250 000 francs. Cette condition a été acceptée et les péages ont été rachetés.

démolie en 1861 pour faire place au pont Saint-Louis dont il sera question à la fin de ce mémoire.

§ 15. Pont d'Iéna.

Le pont d'Iéna, situé dans l'axe du champ de Mars en face de l'École militaire, est le dernier qui ait été construit sous le premier empire. Il a été entrepris en exécution d'une loi rendue le 27 mars 1806. Aux termes de cette loi, une taxe pareille à celle autorisée par la loi du 24 ventôse an IX relative à l'établissement du pont d'Austerlitz, du pont des Arts et du pont de la Cité, devait être perçue pour le passage sur ce nouveau pont, et les produits de cette taxe concédés aux particuliers qui fourniraient les fonds nécessaires à l'entreprise, mais ces dispositions n'ont jamais reçu leur exécution ; la dépense a été supportée par l'État et le passage a toujours été gratuit.

Au moment où son établissement a été décidé, ce pont devait porter le nom du Champ-de-Mars ou de l'École-Militaire, mais après la victoire remportée par l'armée française le 14 octobre 1806 sur l'armée prussienne, l'Empereur Napoléon Ier a décidé, par un décret daté de Varsovie le 13 janvier 1807, qu'il porterait le nom d'Iéna, et le même décret a ordonné que le quai qui devait être construit sur la rive droite de la Seine, entre la pompe à feu de Chaillot et l'ancienne barrière de Passy, porterait le nom du général de Billy, tué dans la bataille.

Le pont d'Iéna a été construit par M. Lamandé qui venait de terminer celui d'Austerlitz dont nous avons parlé ci-dessus. Il est composé de cinq arches en arc de cercle ayant chacune 28 mètres de corde sur 3m.50 de flèche. Ces arcs avaient été primitivement projetés en fonte comme ceux du pont d'Austerlitz, mais un décret impérial en date du 27 juillet 1808, a ordonné leur construction en pierre. Leurs naissances sont à 6m.13 au-dessus de l'étiage et leur épaisseur à la clef est de 1^m.44. Elles reposent sur quatre piles et deux culées. L'épaisseur des piles est de 3 mètres et celle des culées de 15 mètres. Ces dernières sont fondées sur pilotis : celle de rive gauche a été construite dans un caisson échoué sur les pieux recepés, et celle de rive droite sur des racinaux et une plate-forme établie à 0^m.44 au-dessous de l'étiage.

La première pile rive gauche a été fondée sur pilotis, grillage et plate-forme, et les trois autres ont été construites dans un caisson échoué sur des pieux. Ces piles sont terminées par des avant et arrière-becs circulaires.

Les voûtes sont couronnées sur chaque tête par une corniche de 0^m.90 de hauteur composée d'une cimaise, d'un larmier et de modillons.

La distance entre les têtes est de 14 mètres, elles sont couronnées par deux parapets de 0^m.95 de hauteur sur 0^m.50 d'épaisseur laissant entre eux un espace de 13^m.70 dont 8^m.70 réservés pour la chaussée et 5 mètres pour les trottoirs. Aux extrémités de ces parapets sont quatre piédestaux portant des statues équestres.

Les travaux, commencés dès 1806, étaient à peine terminés à la chute de l'empire en 1814.

Un rapport que nous avons retrouvé nous a fait connaître que les voûtes avaient été commencées le 17 juin 1811, achevées le 17 août et décintrées le 23 septembre suivant. Ce rapport renferme des renseignements intéressants sur les tassements qui ont été observés au commencement de l'opération du décintrement et pendant les deux années qui ont suivi, renseignements desquels il résulte :

1° Que l'on a mis deux jours à décintrer le pont, et que, pendant cette opération, il ne s'est produit aucun mouvement ni dans les piles ni dans les culées.

2° Que par l'effet du resserrement des joints, les voûtes ont suivi les cintres dans le premier moment et se sont arrêtées après un tassement de 8 à 9 centimètres.

3° Que les trois arches du milieu, décintrées les premières, ont éprouvé un tassement de 4 centimètres plus fort que
celui des arcs de rive.

4° Que deux ans après la construction, sur la fin de
1813, le tassement était de 0^m.15 pour les arches du milieu
et de 0^m.11 pour les arches de rive.

Les travaux du pont paraissent avoir été terminés à cette
époque, puisque le procès-verbal de la réception définitive
de la sculpture des aigles qui décoraient les tympans et
qui avaient été faits sur les dessins de M. Lemot, membre
de l'Institut, porte la date du 29 décembre 1813.

La dépense y compris celle relative à l'établissement des
quais sur l'une et l'autre rive, et sur une longueur de près
de 1 000 mètres, avait été évaluée à 6 158 728^f.73; nous ne
savons pas au juste à quel chiffre elle s'est réellement élevée, mais il paraît certain que ce chiffre n'a pas été atteint,
puisqu'à une époque où le pont était achevé et les quais
fort avancés, M. l'ingénieur en chef Lamandé annonçait dans
un rapport, en date du 24 décembre 1812, que le montant
des ouvrages exécutés s'élevait alors à 4 917 064^f.86, et
que celui des travaux restant à faire ne dépasserait pas
1 118 022^f.38, d'où résulterait par conséquent une éco-
nomie de 122 641^f.49.

Il n'est pas probable que dans le cours de cette désas-
treuse année de 1813 qui a précédé la chute de l'empire,
l'État ait pu consacrer à ces travaux une somme aussi considérable que celle qu'il fallait encore pour les achever, et
il y a lieu de penser que les quais n'ont été terminés que
dans les premières années de la restauration.

Les aigles des tympans ont été enlevés en 1815, et le
pont lui-même, dont le nom rappelait le souvenir d'une
victoire remportée sur les armées alliées, a failli être détruit par le feld-maréchal Blücher; c'est à l'énergique résistance du roi Louis XVIII que l'on a dû la conservation
de ce bel ouvrage.

En 1840, lors de la translation des cendres de l'Empereur aux Invalides, il fut question de rétablir ces aigles, mais l'exécution de ce projet fut ajournée et ils ne l'ont été qu'en 1852.

Les quatre groupes équestres placés sur les piédestaux qui terminent les parapets ont été placés l'année suivante.

Enfin des plaques en marbre rappelant l'époque de la construction du pont et le nom du souverain sous le règne duquel il a été construit ont été posées en 1862.

CHAPITRE III.

PÉRIODE DE LA RESTAURATION.

§ 16. *Pont de Grenelle.*

Durant les dix premières années qui ont suivi la chute de l'empire aucun pont n'a été construit dans Paris. Le pont de Grenelle est le premier qui ait été entrepris, et encore ce pont, qui était alors en dehors de l'enceinte, a-t-il été concédé à une compagnie qui s'est engagée à le construire à ses frais en même temps que le port et la gare du même nom, moyennant l'abandon d'un droit de péage à recevoir pendant quarante-sept ans pour le passage sur le pont et pour le stationnement des bateaux et des marchandises dans la gare et sur le port.

Le projet montant à 2 215 000 francs a été approuvé par l'administration supérieure, le 1er juillet 1825, et l'adjudication passée le 4 août suivant, a été approuvée par une ordonnance royale du 28 septembre 1825.

La construction du pont et de ses abords était évaluée à 789 055ᶠ.07.

Les travaux commencés vers la fin de 1825 ont été terminés au commencement de 1827, et la circulation a été établie le 1er mai de cette dernière année.

Ce pont, divisé en deux parties par la digue qui sépare la gare de Grenelle du bras droit de la Seine, est composé de six arches en charpente reposant sur des piles et culées en maçonnerie fondées sur pilotis. Les arches ont 25 mètres d'ouverture, la largeur entre les garde-corps est de 9ᵐ.80, dont 7 mètres réservés pour la chaussée et 2ᵐ.80 pour les trottoirs.

Le pont de Grenelle qui, par suite de l'annexion, se trouve aujourd'hui dans Paris, est le seul sur lequel on perçoive un droit de péage qui ne doit cesser que le 1ᵉʳ mai 1874.

§ 17. *Ancien pont suspendu de l'allée d'Antin.*

Avant de parler de l'ancien pont suspendu de l'allée d'Antin, nous dirons quelques mots de celui qui devait être établi entre l'Esplanade des Invalides et les Champs-Élysées, et qui devait franchir la Seine à l'aide d'une seule travée.

L'administration désirant faire l'essai à Paris du système de ponts suspendus que l'on construisait déjà depuis quelque temps en Amérique et en Angleterre, avait fait faire l'étude d'un pont de ce genre par le savant ingénieur Navier, auquel on doit plusieurs ouvrages sur l'application de l'analyse à l'art des constructions, et il devait être pourvu à l'exécution des travaux par voie de concession de péage au profit de la compagnie qui ferait les offres les plus avantageuses à l'État.

Le projet qui avait été approuvé par l'administration, le 7 avril 1824, et dont la dépense était évaluée à un million, servit de base le 10 mai suivant à une adjudication, lors de laquelle un sieur Allain Desjardins, agissant au nom d'une société qui prit le nom de *Société du pont des Invalides*, déposa une soumission par laquelle il s'engageait à exécuter les travaux à ses frais, risques et périls, moyennant la concession d'un péage pendant une durée de cinquante-quatre ans onze mois.

Cette adjudication fut approuvée par une ordonnance royale du 7 juillet 1824, et les travaux immédiatement entrepris. Ils touchaient à leur fin en septembre 1826, lorsque l'on s'aperçut de mouvements dans les culées qui indiquaient que les points d'attache des câbles de suspension ne présentaient pas une résistance suffisante, et l'administration, après avoir reconnu qu'il n'était pas possible de remédier à ce vice de construction, donna l'ordre de démolir le pont.

Pour indemniser la compagnie de la perte d'une somme de plus de 900 000 francs (*) que lui occasionnait cette mesure, l'administration lui concéda par une ordonnance royale du 6 décembre 1827, trois nouveaux ponts, savoir :

Un pont suspendu à deux voies, en face l'allée d'Antin, à peu de distance en amont de celui que l'on venait de démolir.

Une passerelle également suspendue, mais pour piétons seulement, entre la place de Grève et l'île de la Cité.

Et un pont fixe entre la pointe orientale de cette île et la rive gauche de la Seine, au droit du jardin de l'ancien archevêché.

Cette nouvelle concession avait été faite moyennant la perception d'un droit de péage pendant une durée de quarante-cinq ans, à partir du 1er janvier 1831, et indépendamment d'une subvention de 170 000 francs accordée sur les fonds de l'État.

Le premier de ces trois ponts est celui dont il s'agit ici. Il a été remplacé par le pont actuel des Invalides. Il était composé de trois travées séparées par des portiques reposant sur des piles en rivière. L'ouverture de la travée du milieu était de 67^m.78, celle des travées latérales de 24^m.68

(*) Dans une note remise aux membres de la commission chargée de l'examen du projet de rachat des ponts à péage à Paris, la compagnie a fait connaître que l'essai infructueux du pont qui avait été l'objet de la concession de 1824 avait absorbé une somme de 1 275 105 francs réduite à 945 010^{f}82 par la revente ou l'emploi des matériaux sortis de la démolition,

et 25ᵐ.31. Le tablier à double voie était supporté par des chaînes et des tiges en barres de fer. La voie charretière de 5ᵐ.40, était bordée par deux trottoirs de 2ᵐ.60 de largeur ensemble.

Ce pont, reçu par les ingénieurs le 30 décembre 1829, et livré à la circulation à cette époque, a subsisté jusqu'en 1854. Toutefois le passage en était devenu gratuit par suite du rachat opéré en vertu du traité conclu le 10 mai 1850, entre la ville de Paris et la société concessionnaire, et le péage a cessé d'être perçu le 31 mai suivant.

En parlant à l'article suivant de la passerelle de la Grève, qui faisait partie de la même concession, nous ferons connaître les conditions de ce rachat.

Le développement des constructions dans le quartier des Champs-Élysées et dans celui des Invalides, ainsi que les besoins toujours croissants de la circulation, ont fait sentir la nécessité de remplacer ce pont suspendu par le pont en maçonnerie qui existe aujourd'hui et dont il sera question plus loin.

§ 18. *Passerelle de la Grève.*

Cette passerelle qui a reçu le nom d'Arcole après la révolution de 1830, était située dans l'emplacement du pont actuel de ce nom.

Elle était composée de deux arches de 40ᵐ.80 d'ouverture séparées par une pile de 5ᵐ.60 d'épaisseur servant de base à un portique sur lequel passaient les chaînes de suspension.

Ces chaînes, ainsi que les tiges supportant le plancher, étaient en barres de fer. La largeur entre les gardes-corps était de 3ᵐ.50.

Les travaux commencés le 25 mars 1828 étaient achevés à la fin de la même année, et la circulation établie sur le pont le 21 décembre. La durée de la jouissance du péage avait été fixée uniformément à 45 ans à partir du 1er janvier 1831, ainsi que nous l'avons dit ci-dessus, et ne devait par conséquent expirer que le 1er janvier 1876 ; mais le rachat fait par la ville de Paris, à la suite de la révolution de 1848, a mis fin à cette jouissance, et par le traité du 10 mai 1850, approuvé par décret du 13 juillet suivant, il a été accordé à la compagnie dite *des trois nouveaux ponts*, ainsi dénommée par opposition à celle dite *des trois anciens ponts* concédés en l'an IX, une annuité de 101 320 francs payable jusqu'au 1er janvier 1876, dans laquelle la passerelle d'Arcole et le pont de l'Archevêché, dont il va être question, figurent pour une somme de 56 182 francs, le surplus (45 138 francs) s'appliquant au rachat du pont suspendu de l'allée d'Antin.

A partir de 1848, le passage a donc été gratuit sur la passerelle d'Arcole.

En 1854, l'administration, ayant reconnu que cette passerelle ne répondait plus aux besoins de la circulation, a décidé qu'elle serait remplacée par le pont fixe à voitures qui existe aujourd'hui et dont nous parlerons plus loin.

§ 19. *Pont de l'Archevêché.*

Ce pont, qui est en maçonnerie, est composé de deux culées, de deux piles et de trois arches en arc de cercle. Celle du milieu a 17^m.10 de largeur sur 2^m.40 de flèche ; les deux autres ont 15 mètres sur 2 mètres. La hauteur d'intrados de l'arche centrale est de 7^m.96 au-dessus de l'étiage. Elle est moindre que celle de tous les autres ponts situés sur le même bras, et cause sous ce rapport une véritable gêne à la navigation.

La largeur entre les têtes est de 11 mètres, celle entre les garde-corps en fer est de 10^m.80 partagée en 7^m.20 pour la chaussée et 1^m.80 pour chaque trottoir.

L'épaisseur des piles mesurée à la naissance des voûtes est de 2^m.3o et celle des culées de 9 mètres.

En construisant la culée de rive droite, on a conservé l'ancien mur de quai auquel on a seulement donné le surcroît d'épaisseur nécessaire en faisant reposer le nouveau massif sur un simple grillage.

La culée de rive gauche, au contraire, a été fondée entièrement sur pilotis, ainsi que les deux piles.

Les deux têtes sont couronnées par un simple bandeau au-dessus duquel s'élèvent des garde-corps en fer.

Les travaux ont été commencés le 1er avril 1828, et le pont a été livré à la circulation le 4 novembre suivant, jour de la fête du roi Charles X.

Il résulte d'une note remise par la compagnie, lorsqu'il a été question du rachat de ce pont et des deux précédents qui faisaient l'objet de la même concession, que la dépense se serait élevée à 378 908^f.06, non compris les honoraires des ingénieurs de la compagnie et les frais généraux. Ce chiffre est exorbitant; car il fait ressortir le prix du mètre superficiel à 666 (*) en nombre rond, supérieur aux prix de revient de tous les ponts de Paris construits depuis quinze ans, ainsi que nous le ferons voir plus loin.

Nous n'avons d'ailleurs aucun moyen de vérifier ce chiffre qui ressort d'un document émané de la compagnie. L'intervention des ingénieurs de l'État, dans l'exécution des travaux concédés aux compagnies, se bornait alors à assurer l'exécution des clauses et conditions du cahier des charges, et ils n'exerçaient pas de contrôle sur les dépenses dont les compagnies ne rendaient aucun compte.

(*) Longueur du pont entre les culées. . 51^m.75
Largeur entre les têtes. . . . . 11^m.00
Surface. . . . . 569^{mq}.25 (51^m.75 $\times$ 11^m)
Prix du mètre quarré. . . . . $\dfrac{378\,908^f.06}{569^{mq}.25}$ = 665^f.63

Nous avons fait connaître ci-dessus, en parlant de la passerelle de la Grève, les conditions du rachat du péage du pont de l'Archevêché.

CHAPITRE IV.

PÉRIODE DE 1830 A 1848.

§ 10. *Ancien pont suspendu de Bercy.*

Ce pont, situé dans le prolongement des boulevards extérieurs et qui vient de disparaître pour faire place à un pont fixe actuellement en construction, est le premier grand ouvrage qui ait été entrepris après la révolution de 1830.

Il a été l'objet d'une adjudication passée le 14 mai 1831 et homologuée par une ordonnance royale du 27 juillet suivant, qui a fixé la durée de la concession à 28 ans et 9 mois comptés à partir du 1er janvier 1833.

Ce pont était composé de trois travées offrant ensemble un débouché linéaire de 134 mètres, savoir : 45 mètres pour chacune des arches de rive et 44 mètres pour celle du milieu. Sa largeur entre les garde-corps était de 8 mètres, dont 5m.40 réservés pour une double voie charretière et 2m.60 pour les deux trottoirs qui la bordaient.

Les chaînes de suspension et de retenue, au nombre de quatre sur chaque tête, étaient en barres de fer, ainsi que les tiges verticales qui les reliaient au tablier. La première pierre avait été posée par le Roi Louis-Philippe le 28 juillet 1831, premier anniversaire des journées de 1830. Six mois après, le 29 janvier 1832, le même souverain faisait l'inauguration de ce pont qui a été livré le même jour à la circulation. La compagnie concessionnaire avait ainsi devancé de 11 mois le terme du 1er janvier 1833 qui lui avait été assigné pour l'achèvement des travaux.

Le produit du péage, qui n'était que de 50 à 55 000 fr. pendant les premières années, dépassait 100 000 francs en 1848 au moment de la révolution. Il a dû atteindre un chiffre encore plus élevé dans ces dernières années.

Ce pont n'était pas au nombre de ceux rachetés par la ville à la suite de la révolution. Elle a laissé expirer la concession qui a pris fin le 30 septembre 1861, et aussitôt que l'administration est rentrée en possession elle a décidé qu'il serait remplacé par le pont en maçonnerie que l'on construit en ce moment.

L'ancien pont de Bercy a subsisté, comme on le voit, pendant 32 ans, depuis la fin de janvier 1832 jusqu'au commencement de la présente année.

§ 21. *Ancien pont Louis-Philippe.*

Ce pont, appelé pendant quelque temps *pont de la Réforme* après la révolution de 1848, avait été l'objet d'une concession accordée à MM. Séguin frères qui, par une soumission en date du 18 juillet 1833, s'étaient engagés à le construire à leurs frais moyennant une subvention de 100 000 francs accordée par l'État, et la jouissance pendant 49 ans d'un droit de péage calculé sur les mêmes bases que celui du pont d'Austerlitz.

À l'époque où ce pont a été construit, la rue Louis-Philippe n'existait pas. Son percement a été compris dans la concession accordée à MM. Séguin, auxquels la ville de Paris a accordé une subvention de 400 000 francs.

L'adjudication du 18 juillet 1833, tranchée au profit de ces concessionnaires, a été approuvée par une ordonnance royale du 13 août suivant.

La première pierre a été posée par le Roi le 29 juillet de cette même année, et le pont étant achevé l'année suivante, la circulation a été établie le 26 juillet 1834 pour l'anniversaire des journées de la révolution de 1830 (*).

Ce pont, qui mettait en communication le quai de la Grève avec le quai Napoléon, était composé de deux grandes travées dont les chaînes de suspension venaient se réunir au sommet d'une arcade construite à la pointe occidentale de l'île Saint-Louis. Ces chaînes, ainsi que les tiges qui les reliaient avec le tablier, étaient en fil de fer.

La largeur de la voie charretière était de 5^m.60, et les trottoirs qui la bordaient avaient chacun 1^m.20.

Les concessionnaires ont paisiblement joui jusqu'en 1848 du droit de péage qui leur avait été concédé, mais lors de la révolution de février, ce péage a été supprimé sur ce pont comme sur les autres ponts de Paris qui avaient été établis dans les mêmes conditions, et la circulation a même été interrompue entre le quai Napoléon et l'île Saint-Louis par suite de l'incendie de la travée attenant à ce quai. Cette travée a été reconstruite aux frais de l'État, mais le péage n'a pas été rétabli, et la concession a été rachetée par la ville, qui, par un traité en date du 16 juillet 1851, a accordé à la compagnie une annuité de 50 000 francs, dont on a fait remonter la jouissance au 24 février 1848, jour de la suppression du péage, et qu'elle doit toucher jusqu'au 26 juillet 1883,

---

(*) Voici l'inscription de la plaque trouvée le 13 juin 1862, en démolissant la culée attenant au quai de la Grève :

L'an mil huit cent trente-trois,

Troisième du règne,

Louis-Philippe, Roi des Français,

Le 29 juillet, glorieux anniversaire,

Le Roi

A posé la première pierre du pont Louis-Philippe.

Étaient présents :

MM. Thiers, ministre du commerce et des travaux publics ;

Comte de Rambuteau, Préfet de la Seine ;

Gisquet, Préfet de police,

Locquet, Maire du 9e arrondissement de Paris ;

Jollois, Ingénieur en chef ;

Séguin frères, Collin et Callau, concessionnaires.

époque de l'expiration de la concession accordée en 1833.

Par suite de ce rachat, la circulation est devenue beaucoup plus active sur ce pont, et plusieurs ordonnances de police ont été successivement rendues pour régler cette circulation et pour interdire le passage de certaines voitures non suspendues, ou trop pesamment chargées.

A la suite de ces mesures restrictives, l'administration ayant reconnu tous les inconvénients que les ponts suspendus présentent dans une ville comme Paris, a décidé que le pont Louis-Philippe serait remplacé par le pont fixe dont nous parlerons plus loin.

§ 22. *Pont du Carrousel ou des Saints-Pères.*

Ce pont a été l'objet d'une concession faite en 1831. Lorsqu'il a été question de l'établir, l'administration n'était pas complétement fixée sur le système à adopter, et par ce motif elle avait fait dresser le cahier des charges qui devait servir de base à la concession dans la double hypothèse de la construction d'un pont fixe et d'un pont suspendu. L'article 2 de ce cahier avait fixé à quarante ans, à partir du 1er janvier 1833, le maximum de la jouissance dans le premier cas, et à vingt-six ans dans le second.

L'adjudication a été passée le 12 juillet 1831 au profit d'un sieur Colin, qui n'avait demandé qu'une jouissance de vingt-quatre ans pour se couvrir des frais de construction d'un pont suspendu ; mais aux termes de l'article 14 du cahier des charges, cette adjudication ne devait être définitive qu'après avoir été homologuée par une ordonnance royale. Non-seulement elle ne l'a pas été, mais une ordonnance du 11 octobre 1831 a annulé ladite adjudication, et a déclaré concessionnaire une compagnie qui avait pris part à l'adjudication du 12 juillet en soumissionnant la construction d'un *pont fixe*, et en demandant une jouissance de trente-quatre ans et dix mois.

Le projet présenté par cette compagnie, et adopté par

l'administration, a été rédigé par un des membres les plus distingués du corps des ponts et chaussées, M. l'inspecteur divisionnaire Polonceau, qui a été également chargé de la direction des travaux, et qui a appliqué, pour la première fois, dans la confection des arcs métalliques formant les travées un système dont il est l'inventeur, et qui a conservé son nom.

Ce pont est composé de trois arches en arc de cercle de 47 mètres d'ouverture chacune, surbaissées au dixième, reposant sur des piles et culées en maçonnerie, fondées sur des massifs de béton coulé dans des enceintes de pieux et palplanches entourées d'enrochements.

Les piles ont quatre mètres d'épaisseur et montent jusque sous le plancher. Les culées sont appuyées contre les anciens murs de quai. Les fermes des arches sont composées d'arcs en bois recouverts par des plaques de fonte. Ces arcs dont la coupe transversale affecte sensiblement la forme d'une ellipse de o^m.6o de grand axe sur o^m.3$_2$ de petit axe, sont formés de onze épaisseurs de plats-bords en sapin de o^m.o55 chacun, collés les uns sur les autres avec du bitume, solidement reliés par des plaques moisantes en fonte de o^m.o37 d'épaisseur boulonnées haut et bas.

Ces plaques sont scellées par leurs extrémités sur les piles et culées ; leur hauteur uniforme est de o^m.89 ; le vide entre le bois et la fonte est rempli par du bitume.

L'intervalle entre les arcs et les longerons qui supportent le plancher est rempli par des cercles en fonte qui vont en décroissant depuis la pile jusque vers le milieu de l'arc. Chaque arche est composée de cinq fermes semblables, espacées entre elles de 2^m.8o d'axe en axe, solidement reliées et contreventées.

Le plancher est composé de deux couches de madriers en chêne recouverts par une chaussée en empierrement, les trottoirs en bitume sont bordés sur chaque tête par une balustrade en fonte formant garde-corps.

La largeur entre ces garde-corps est de 12 mètres, dont 5 mètres réservés pour la chaussée et 7 mètres pour les trottoirs.

Les travaux commencés en novembre 1831 n'ont été terminés qu'en octobre 1834. Les épreuves de résistance qui consistaient, comme pour les ponts suspendus, dans une charge permanente uniformément répartie de 200 kil. par mètre carré, ayant bien réussi, la circulation a été autorisée à partir du 1er novembre 1834.

Ce pont est décoré à ses extrémités par quatre statues colossales, qui n'ont été placées qu'en 1847. Elles sont dues au ciseau de M. Petetot, membre de l'Institut, et représentent la Seine, la ville de Paris, l'Industrie et l'Abondance.

Elles reposent sur des piédestaux en fonte dans lesquels avaient été ménagés les bureaux des receveurs préposés à la perception de la taxe.

La dépense de cette décoration était une des charges de la concession; elle a été couverte à l'aide d'une somme de 80 000 francs que la compagnie était, aux termes de son cahier des charges, tenue de verser dans la caisse de l'État.

Nous n'avons pas de renseignements sur la dépense à laquelle la construction de ce pont a donné lieu. Toutefois il paraîtrait résulter des communications faites par la compagnie à la commission qui a été chargée en 1849 d'étudier la question du rachat de la concession que cette dépense aurait atteint le chiffre d'un million. Les mêmes communications ont fait connaître que le produit du péage a varié de 111 440 francs à 154 562 francs dans l'intervalle qui s'est écoulé de 1838 à 1847.

La durée de la concession ayant été fixée à trente-quatre ans et dix mois, à partir du 1er janvier 1833, devait prendre fin le 1er novembre 1867.

Bien que la perception du péage n'eût été interrompue que pendant quelques jours, lors de la révolution de 1848, et facilement rétablie ensuite, l'administration a compris le pont du Carrousel au nombre de ceux qui seraient rachetés.

En conséquence, par un traité en date du 28 décembre 1849, approuvé par un décret du 14 février suivant, la ville de Paris a racheté la concession moyennant une annuité de 100 000 francs, dont la compagnie jouira jusqu'au 1er novembre 1867.

Par suite de ce rachat le passage est devenu gratuit à partir du 1er mars 1850, et le pont est passé à l'entretien de l'État.

§ 23. *Passerelles de Damiette et de Constantine.*

Les passerelles de Damiette et de Constantine servant uniquement au passage des piétons, ont été construites en 1837, en exécution d'une ordonnance royale du 30 mars 1836, qui a autorisé la concession au profit de la compagnie qui consentirait à se charger des travaux, moyennant la jouissance d'un droit de péage à percevoir pendant un temps donné.

Cette concession a eu lieu par voie d'adjudication, le 18 juin 1836, au profit d'une compagnie représentée par un sieur de Beaumont, qui a limité à vingt ans la durée de sa jouissance.

Le projet présenté par cette compagnie et approuvé par l'administration supérieure, le 22 février 1837, a reçu son exécution dans le cours de la même campagne, et après avoir subi avec succès les épreuves prescrites par le cahier des charges les deux passerelles ont été livrées à la circulation le 6 janvier 1838.

La passerelle de Damiette n'existe plus depuis la révolution de février. Elle a été détruite à cette époque. Elle était composée de deux travées inégales, établissant une communication entre l'île Saint-Louis et le quai des Célestins, d'une part, et avec l'ancienne île Louviers, d'autre part, avant que les terrains de cette île eussent été réunis à la rive droite par le comblement du bras, dit de Grammont. L'ouverture de la première travée était de 58 mètres et celle de la seconde de 76ᵐ.76.

La passerelle de Constantine, qui subsiste seule aujourd'hui, se compose d'une grande travée de 101ᵐ.40 d'ouverture et de deux demi-travées de 25ᵐ.83 chacune. La grande travée repose sur des piles surmontées d'arcades au-dessus desquelles passent les chaînes de suspension.

La largeur entre les garde-corps est de 3 mètres; les câbles et les tiges de suspension sont en fil de fer.

Au moment où la révolution de février a éclaté, la compagnie, dont la jouissance ne devait expirer que le **6 janvier 1858**, avait encore une jouissance de près de 10 ans.

Il résulte de renseignements fournis à l'administration, que le produit net du péage sur les deux passerelles avait varié de 17 173 francs à 24 542 francs du commencement de 1838 à la fin de 1847. Comme la compagnie s'était constituée au capital de 380 000 francs, divisé en 760 actions de 500 francs chacune, on voit que ce produit net représentait à peine l'intérêt du capital de l'entreprise, sans réserve d'un fonds d'amortissement qui aurait dû cependant être d'autant plus élevé que la durée de la concession n'était que de 20 ans.

Le rachat ayant été décidé, la ville de Paris a été autorisée, par un décret du **16** juillet 1852, à entrer en arrangement avec la compagnie, et par un traité du **27** août suivant elle lui a alloué pour prix de rachat de sa concession une somme de 194 943ᶠ.25 une fois payée.

La passerelle de Constantine est destinée à disparaître lorsque l'on aura construit les deux ponts qui doivent réunir le boulevard Saint-Germain avec la partie de ce boulevard prolongé sur la rive droite jusqu'à la place de la Bastille.

Il ne restera plus alors de pont suspendu dans Paris.

§ 24. *Passerelle suspendue de la Cité.*

Nous ne parlerons ici que pour mémoire de cette passerelle qui a remplacé en 1842 la passerelle en charpente construite en 1819 à la place de l'ancien pont de la Cité (14). Cette passerelle, construite pour les piétons seulement, établissait une communication entre le quai Napoléon et le quai Bourbon, au droit de la rue Saint-Louis-en-l'Ile. Bien qu'elle fût au lieu et place de l'un des trois ponts concédés par la loi du 25 ventôse an IX, la dépense de sa construction, qui s'est élevée à 77923f.73, n'en a pas moins été supportée par l'État, parce que la compagnie se considérait, ainsi que nous l'avons dit (14), comme simplement chargée de fournir les fonds nécessaires à la construction des ponts, à elle concédés, et avait dès l'origine décliné la responsabilité de la bonne exécution des travaux auxquels elle ne prenait aucune part.

Cette prétention paraît, du reste, avoir été tacitement admise par l'administration, puisqu'après avoir payé la dépense, elle a laissé la compagnie jouir du produit du péage jusqu'à l'époque du rachat de la concession.

Cette passerelle a été démolie en 1861 pour faire place au pont Saint-Louis dont il sera question ci-après (*).

§ 25. *Nouveau pont au Double.*

Le pont au Double actuel remplace un pont qui remontait au commencement du 17ᵉ siècle et dont nous avons parlé ci-dessus (6).

Lors des études qui ont été faites en 1845 pour l'amélioration de la navigation de la Seine dans Paris, on a reconnu qu'en canalisant le bras de la Cité, il était indispensable de remplacer par des arches d'une seule portée les trois ponts situés devant les bâtiments de l'Hôtel-Dieu, savoir : le pont

---

(*) Il n'est peut-être pas sans intérêt de résumer les chiffres des sacrifices que le système suivi jusqu'alors par le gouvernement pour

au Double, le pont Saint-Charles et le Petit-Pont dont nous avons parlé ci-dessus (6) (7) et (2). Nous avons fait connaître que l'ancien pont Saint-Charles avait été remplacé par une passerelle en charpente qui ne sert que pour le

la construction des ponts dans Paris a imposés à l'administration municipale.

Le tableau suivant fait connaître le montant des annuités et le total des prix de rachat de chaque concession.

DÉSIGNATION DES PONTS.	ANNUITÉS.	TOTAL du prix de rachat.
Pont d'Austerlitz.	francs.	francs.
Pont de la Cité.	268 380 jusqu'au 30 juin 1897. . .	13 243 052.00
Pont des Arts.		
Pont de l'Allée-d'Antin. . . .		
Pont de la Grève.	101 320 jusqu'au 1ᵉʳ janvier 1876.	2 708 327.00
Pont de l'Archevêché.		
Pont Louis-Philippe.	50 000 jusqu'au 26 juillet 1883. .	1 770 822.00
Pont du Carrousel.	100 000 jusqu'au 1ᵉʳ novembre 1867	1 766 656.00
Passerelles de Damiette et de Constantine.	»	194 943.25
Total.	. . . .	19 683 800.25

Ce total fait voir que la ville de Paris aura déboursé une somme de 20 millions (en nombre rond) pour le rachat des dix ponts dont le péage a été supprimé en 1848. L'établissement de ces ponts dans des conditions de durée et de stabilité parfaite n'aurait certainement pas coûté la moitié de cette somme. Ainsi, indépendamment de l'impôt prélevé sur le public pendant près d'un demi-siècle, la ville aura dépensé, en définitive, pour le rachat de ces ponts une somme au moins double de celle qu'elle aurait dépensée pour les construire à ses frais.

On voit par là combien le mode de concession peut devenir onéreux quand il s'agit de l'établissement de ponts dans une ville comme Paris, où la circulation prend nécessairement, avec le temps, des proportions impossibles à prévoir et à calculer.

Qui aurait pu dire, en effet, à la compagnie qui se constituait en l'an IX avec un capital d'un million pour construire les trois ponts d'Austerlitz, des Arts et de la Cité, que le produit annuel de ces trois ponts dépasserait un jour 250 000 francs, et si le gouver-

service de l'Hôtel Dieu. Quant au pont au Double et au Petit-Pont destinés à une circulation active surtout les jours de grande cérémonie à Notre-Dame, ils devaient être naturellement reconstruits en maçonnerie, mais en même temps, il était indispensable de conserver sous ces ponts une hauteur suffisante pour le passage des bateaux, sans donner des pentes trop fortes aux abords, et cette double condition a conduit à examiner si l'on ne pourrait pas réussir à construire des arches plus surbaissées et moins épaisses à la clef que celles qui avaient été faites jusque là telles que celles des ponts de la Concorde et d'Iéna dont l'épaisseur à la clef est de 1^m.40 environ et dont la flèche a à peu près le huitième de l'ouverture. Ces ponts ayant donné au décintrement des tassements considérables, on pouvait craindre, en employant les mêmes matériaux, d'avoir des tassements encore plus forts et par suite des pressions qui ne s'exerçant plus que sur une partie de la surface des joints seraient hors de proportion avec la résistance des matériaux. On avait reconnu qu'en raison des conditions auxquelles le nouveau pont devait satisfaire, il ne fallait pas donner à la clef plus de 1^m.30 d'épaisseur et à la flèche plus du dixième de l'ouverture fixée à 51 mètres.

Les ingénieurs ayant eu souvent l'occasion de reconnaître la très-grande dureté que le ciment de Vassy acquiert très-promptement, sa grande force de cohésion et son adhérence

---

nement avait pu supposer que le péage atteindrait un pareil chiffre, aurait-il consenti en l'an **X** à prolonger la durée de la concession, *à raison d'une année de jouissance pour chaque somme de 40 000 francs dépensée au delà du chiffre d'un million primitivement fixé?*

Si cette modification n'avait pas été apportée au contrat primitif, la compagnie aurait été ruinée, car elle aurait dépensé beaucoup plus d'un million, et sa jouissance ne se serait pas prolongée au delà du 23 septembre 1827, tandis qu'elle a été enrichie au delà de toute mesure, puisque par le fait de la nouvelle convention, elle a obtenu la prolongation de jouissance *pendant près de 70 ans d'un revenu qui s'est élevé à plus de 260 000 francs par an.*

aux matériaux avec lesquels on l'emploie, pensèrent qu'il serait possible, en remplaçant le mortier ordinaire par le ciment de Vassy et la pierre par de la meulière, de construire des ponts qui n'éprouveraient au décintrement qu'un tassement insensible et dans lesquels on aurait alors une répartition moins inégale des pressions qui permettrait de réduire sans danger la flèche et l'épaisseur à la clef.

Une expérience fut faite préalablement à Vassy dans l'usine de MM. Gariel et Garnier. Une arche d'essai de 1^m.50 de largeur ayant exactement en élévation la forme et les dimensions que l'on se proposait de donner au nouveau pont au Double fut soumise, par une commission nommée par M. le ministre des travaux publics, à des épreuves qui ne laissèrent aucun doute sur sa parfaite résistance.

En conséquence, les ingénieurs n'hésitèrent plus à proposer l'adoption de ce système de construction et rédigèrent un projet dont la dépense s'élevait à 345 000 francs et qui fut approuvé le 26 janvier 1847.

L'exécution fut confiée à M. Gariel Larget qui avait fait à ses frais l'expérience de Vassy et qui par une soumission en date du 6 mars 1847 s'engageait à exécuter les travaux aux prix du bordereau et à les garantir pendant un délai de cinq ans.

En démolissant le vieux pont on a constaté que ses culées fondées sur pilotis étaient en bon état ; on les a conservées en refaisant les parements en matériaux neufs et en portant l'épaisseur des dites culées à 14 mètres pour les rendre capables de résister à la poussée de la nouvelle voûte.

Cette voûte construite en meulière et mortier de ciment (composé de 0^m.34 de sable tamisé et 300 kilogrammes de ciment pour un mètre cube de maçonnerie) a été complétement terminée en vingt-trois jours : elle a été laissée cinq mois sur cintre afin de donner le temps de durcir aux maçonneries des culées dans lesquelles on n'avait pas employé le mortier de ciment.

Le décintrement a été fait au commencement de 1848 et l'abaissement à la clef n'a été que de 15 millimètres.

Il n'a été employé de pierre de taille que dans la corniche et le parapet, dans les parements des demi-piles placées dans les angles des culées, dans les cordons et les chaperons de ces demi-piles.

La dépense totale s'est élevée à la somme de 575 155ᶠ.59. Ce pont est destiné à disparaître lorsque l'on démolira l'Hôtel-Dieu actuel et que l'on redressera la rue d'Arcole, suivant l'axe du pont de ce nom et parallèlement à la façade de Notre-Dame.

CHAPITRE V.

PÉRIODE ACTUELLE.

§ 26. *Pont Napoléon III.*

Ce pont qui est fondé sur pilotis, est composé de cinq arches en arc de cercle de 54ᵐ.50 d'ouverture et de 4ᵐ.60 de flèche, non compris deux arches de 12 mètres établies sur les routes qui bordent les deux quais.

Ces arches sont construites en maçonnerie ; les piles et les bandeaux des têtes sont en pierre de taille, les douelles et les tympans en meulière.

La longueur entre les culées est de 188ᵐ.50 et le débouché linéaire de 172ᵐ.50. La largeur entre les têtes est de 15ᵐ.40. Cette largeur est partagée en deux voies par une cloison, l'une de 7ᵐ.74 reservée pour le service du chemin de fer de ceinture, l'autre affectée au passage des voitures et des piétons. On accède à cette dernière par des rampes et des escaliers ménagés à l'amont du pont sur les deux rives.

Ce pont a été construit en 1852 et 1853 sur les fonds affectés à la construction du chemin de fer de ceinture. La dépense s'est élevée au chiffre de 2 236 903 francs.

§ 27. *Nouveau Petit-Pont.*

Le petit bras de la Seine ayant été transformé en 1850 en canal navigable, les deux piles de l'ancien Petit-Pont dont nous avons parlé ci-dessus (2) constituaient au milieu de ce canal un obstacle insurmontable à la navigation. En conséquence, le remplacement de ce pont par une arche unique offrant la même largeur et la même hauteur que celle du pont au Double fut décidé.

Le projet montant à 425 000 francs a été approuvé par décision ministérielle du 5 août 1851, ainsi que la soumission par laquelle M. Gariel s'engageait à exécuter les travaux moyennant un rabais de 10 p. 100 sur les prix du bordereau.

Ces travaux commencés en mars 1852, n'ont été terminés qu'à la fin de 1853, après avoir été suspendus pendant près d'une année par suite de l'indécision où l'on était au sujet des alignements à adopter pour les quais de la rive droite du petit bras entre le pont de l'Archevêché et le pont Saint-Michel.

La largeur de ce pont entre les têtes est de 21 mètres et celle entre les parapets de 20 mètres dont 12 mètres réservés pour la chaussée et 8 mètres pour les deux trottoirs.

La voûte surbaissée exactement au dixième comme celle du pont au Double a la forme d'un arc de cercle de 31 mètres de corde à la tête d'amont et de 32^m.50 à la tête d'aval ; cette différence de largeur étant nécessitée par l'alignement adopté pour les quais de la rive droite. Son épaisseur à la clef est de 1^m.35, elle est construite en meulière taillée et ciment. Les tympans sont également en meulières disposées à joints de hasard.

On a utilisé comme dans le pont au Double, les massifs des anciennes culées qui ont été reconnus en **bon** état et on les a complétés en leur donnant le surcroît d'épaisseur nécessaire.

La dépense s'est élevée à la somme totale de 385 509ʳ.42.

§ 28. *Nouveau pont Notre-Dame.*

Lorsque le prolongement de la rue Rivoli depuis le palais des Tuileries jusqu'à l'Hôtel de Ville fut décrété en 1852, on reconnut la nécessité d'abaisser de 3 à 4 mètres le niveau de la rue Saint-Martin au point où ces deux voies devaient se couper et par suite d'abaisser également la chaussée du pont Notre-Dame situé à peu de distance et dans la direction de cette rue.

L'abaissement du pont pouvait être effectué sans inconvénient pour la navigation et pour l'écoulement des crues en raison de la très-grande hauteur à laquelle les ingénieurs du 16ᵉ siècle avaient tenu les intrados des arches au-dessus du niveau de la rivière.

Plusieurs études furent soumises à l'approbation de l'administration supérieure qui s'arrêta à la solution la plus radicale; celle qui, en laissant à l'intrados des voûtes à la clef une hauteur de 9ᵐ.55 dans l'arche du milieu, permettait d'abaisser la chaussée de 2ᵐ.70 au milieu du pont en lui donnant de chaque côté des pentes longitudinales de 0ᵐ.005, et en la raccordant avec les quais par des pentes et rampes ne dépassant pas 1 centimètre. En conséquence, on décida que le pont serait refait d'après cette donnée, que les voûtes seraient démolies, les piles dérasées jusqu'à l'étiage, et que, sur les fondations conservées, on élèverait de nouvelles piles de 3ᵐ.50 d'épaisseur réunies entre elles par des voûtes elliptiques ayant une largeur qui varie de 18ᵐ.76 pour la plus grande à 17ᵐ.40 pour la plus petite.

Ces arches, au nombre de cinq, présentent ensemble un débouché linéaire de 90ᵐ.36.

La largeur entre les têtes est de 21 mètres, et de 20 mètres entre les parapets, dont 12 mètres réservés pour la chaussée et 8 mètres pour les deux trottoirs.

Le projet, dont la dépense était évaluée à 1 090 000 fr., a été approuvé par M. le ministre des travaux publics le 28 avril 1853, et les travaux ont été exécutés par M. Gariel en vertu d'une soumission par laquelle cet entrepreneur a consenti à un rabais de 5 p. 100 susceptible d'être réduit à moitié, si le pont était livré à la circulation le 20 décembre de la même année.

Ces travaux qui, indépendamment de la reconstruction du pont proprement dite, comprenaient une démolition de plus de 20 000 mètres cubes de vieille maçonnerie, ont été immédiatement entrepris et terminés dans le délai fixé, de telle sorte que le cortége qui se rendait à Notre-Dame le jour de la célébration du mariage de leurs Majestés l'Empereur et l'Impératrice a pu passer sur le nouveau pont.

On a utilisé dans sa reconstruction tous les matériaux sortis de la démolition. Les douelles des voûtes et les tympans sont en moellons piqués provenant de la retaille des pierres de taille et les massifs intérieurs en vieux moellons. Il n'est entré de pierres de taille neuve que dans les avant et arrière-becs des piles, les bandeaux des têtes, la corniche et le parapet.

Le mortier de ciment de Vassy a été substitué au mortier ordinaire dans la construction des voûtes.

La dépense s'est élevée au chiffre de 983 972^f.86, y compris celle faite pour le remaniement des quais.

Les travaux du pont proprement dit n'ont coûté que 713 356^f.37.

Cette dépense a été partagée par moitié entre l'État et la ville de Paris, et cette proportion a été prise comme base de toutes les répartitions de dépenses faites entre l'État et la ville pour toutes les constructions de ponts entreprises depuis cette époque, et dont il va être parlé.

§ 29. *Nouveau pont d'Austerlitz.*

Le pont d'Austerlitz, construit sous le premier Empire, a subsisté jusqu'en 1854, ainsi que nous l'avons dit plus haut (12). A cette époque, un très-grand nombre de pièces étaient cassées dans les arcs métalliques qui composaient les arches, soit par l'effet des variations de température, soit par celui des vibrations produites par une circulation de plus en plus active depuis l'ouverture des chemins de fer d'Orléans et de Lyon. L'administration s'est préoccupée de cet état de choses, et s'est décidée à remplacer ces arcs par des voûtes en maçonnerie en utilisant les culées et en augmentant la largeur entre les têtes.

Les ingénieurs, après avoir consulté les pièces du projet primitif, ont reconnu que cette largeur pouvait être portée à 18 mètres, sans avoir besoin d'allonger les fondations des piles (*). Quant aux culées elles avaient déjà 18 mètres de longueur. On a pu porter ainsi la largeur du nouveau pont à 18 mètres entre les têtes en le faisant reposer entièrement sur les fondations des anciennes piles et culées.

Les nouvelles arches en arc de cercle ont 52^m.20 de corde. La flèche de celle du milieu est de 4^m.67, celle des deux arches adjacentes 4^m.36 et celle des arches de rive 4^m.02.

Les bandeaux des têtes sont en pierre de taille, les douelles en meulière piquée de la haute Seine et les tympans en pierre tendre provenant de la démolition du pont Notre-

---

(*) En effet, les caissons échoués sur les pieux de fondation avaient 18^m.80 de longueur, et la longueur des piles mesurée sur la dernière retraite était de 18 mètres; autour de chaque caisson régnait un encrèchement de 2 mètres d'épaisseur, entouré d'une enceinte de pieux et palplanches et rempli complétement de béton, comme les intervalles des pieux supportant le caisson. On a donc pu effectuer sans aucune inquiétude l'allongement des piles proprement dites en les faisant reposer entièrement sur le fond du caisson. Quant aux avant et arrière-becs, ils reposent sur l'encrèchement, ce qui est sans inconvénient, eu égard à leur faible poids.

Dame. Ces tympans sont ornés d'N surmontées de la couronne impériale et entourées de branches de laurier. Le mortier de ciment de Vassy a été substitué au mortier ordinaire dans la construction des voûtes ce qui a permis de procéder à leur décintrement trois semaines après leur achèvement.

Les têtes sont couronnées par une corniche en pierre surmontée de parapets en fonte qui laissent entre eux une largeur de 18 mètres dont 11 mètres sont réservés pour la chaussée et 7 mètres pour les trottoirs.

Le projet montant à 1 135 000 francs a été approuvé le 13 juillet 1854 et l'exécution des travaux a été confiée à M. Gariel qui par une soumission en date du 14 juin s'était engagé à les avoir terminés dans le délai de six mois et avait consenti à un rabais de 5 p. 100 sur les prix du bordereau. Les travaux entrepris immédiatement ont été menés avec une rapidité telle que les voûtes commencées le 27 septembre étaient fermées le 28 octobre et la chaussée terminée le 8 novembre.

La dépense totale s'est élevée à la somme totale de 951 204^f.08.

§ 30. *Pont d'Arcole.*

L'administration ayant reconnu en 1854 que la passerelle de la grève à laquelle on avait donné le nom d'Arcole depuis 1830 était devenue tout à fait insuffisante pour les besoins de la circulation a décidé qu'elle serait remplacée par un pont fixe à voitures.

Deux projets furent alors présentés l'un par les ingénieurs du service, l'autre par M. Oudry au nom d'une Compagnie qui offrait de se charger de l'exécution des travaux *à forfait*.

Le projet des ingénieurs consistait dans la construction de trois arches en maçonnerie de 27 mètres d'ouverture chacune. Celui de M. Oudry dans l'établissement d'une arche unique en tôle de fer de 80 mètres d'ouverture, l'un et l'autre supposant une largeur de 14 mètres entre les têtes et devant coûter le premier 500 000 francs et le second 800 000 francs.

Nonobstant la plus grande dépense, M. le ministre des travaux publics, prenant en considération d'une part le très-grand avantage que retirerait la navigation de l'établissement d'un pont n'ayant aucun point d'appui dans la rivière, et d'un autre côté l'intérêt que présenterait au point de vue du progrès de l'art des constructions l'établissement d'une travée métallique dépassant en portée tout ce qui avait été fait jusqu'alors, a décidé le 31 août 1854 que l'on donnerait la préférence à ce système et que les ingénieurs auraient à s'entendre avec M. Oudry pour la production d'un projet définitif dans lequel la largeur du pont serait portée à 20 mètres.

Ce projet montant à 1 150 000 francs présenté, le 13 septembre 1854, a été approuvé le 25 octobre suivant, ainsi que la soumission qui y était jointe et par laquelle la Compagnie dite des ponts *du système Cadiat* s'engageait à exécuter les travaux *à forfait* pour la somme indiquée et à les avoir terminés le 1er mai 1855.

La Compagnie garantissait d'ailleurs la solidité de la travée sous des épreuves de surcharge pouvant s'élever jusqu'à 500 kilogrammes par mètre superficiel.

L'arche unique dont se compose le pont d'Arcole affecte la forme d'un arc de cercle surbaissé *au treizième*; la distance entre les culées est de 80 mètres et la flèche est de $6^m.12$. Les naissances sont élevées à $3^m.13$ au-dessus de l'étiage, de sorte que la hauteur d'intrados à la clef est de $9^m.25$.

Cette arche est composée de douze arcs en fer ayant $1^m.33$ de hauteur aux naissances et $0^m.38$ à la clef.

Dix de ces arcs sont placés sous la voie charretière à $1^m.33$ de distance d'axe en axe et deux autres à $3^m.50$ des arcs établis à l'aplomb des bordures de trottoirs. Chacun de ces arcs est formé d'une tôle verticale croissant en hauteur de la clef aux naissances sur laquelle sont rivés haut et bas deux cours de cornières recouvertes d'autres tôles rivées faisant nervures.

Les arcs sont contreventés entre eux sur toute leur longueur à l'aide d'entretoises droites en fer à T établies à $2^m.5o$ de distance les unes des autres qui se composent chacune de deux fers à T rivés l'un avec les nervures de l'arc d'intrados, l'autre avec celles de l'arc d'extrados dans la direction d'une normale moyenne à ces arcs. Les arcs de rive sont reliés à ceux placés sous les bordures de trottoirs au moyen d'entretoises obliques ayant en section la forme d'un fer à croix.

Sur chacun de ces arcs reposent douze tympans en fer qui supportent un tablier également en fer recouvert par une chaussée d'empierrement.

Les tympans sont formés chacun, d'une bande supérieure d'encadrement en fer méplat sur laquelle sont rivés les madriers de la voie, et de montants en fer à T accolés et rivés ensemble dans leur milieu, et épatés de façon à se raccorder à leur partie inférieure avec les arcs et à leur partie supérieure avec les encadrements des tympans. Les montants verticaux des tympans placés sous la bordure des trottoirs sont entretoisés avec ceux voisins du côté de l'axe de la chaussée au moyen de fers à croix allant du haut d'un montant au pied du voisin.

Le tablier se compose d'une série de madriers en fer ayant la forme des sellettes des rails Barlow posés perpendiculairement à la direction de la voie, à $0^m.o15$ environ les uns des autres et fixés sur les tympans.

Les garde-corps sont composés de poteaux en fonte fixés sur le garde-grève à $1^m.25$ de distance d'axe en axe; ils portent sur leurs faces latérales et sur toute leur hauteur des mortaises dans lesquelles s'engagent des panneaux en fonte ornementés allant d'un poteau à l'autre ; ces poteaux sont réunis par une main courante en fer régnant sur toute la longueur du pont.

La distance de 20 mètres entre les garde-corps est partagée entre une chaussée de 12 mètres et deux trottoirs de 4 mètres chacun.

Aux termes de la soumission il devait entrer au moins 850 000 kilogrammes de fer et fonte dans la construction de cette travée. Ce chiffre a été sensiblement dépassé.

Les travaux qui aux termes du marché devaient être terminés le 1er mai 1855 ne l'ont été que le 15 octobre suivant. La compagnie a obtenu la remise d'une retenue de plus de 200 000 francs dont elle était passible par suite de ce retard.

Les épreuves auxquelles la travée devait être soumise ont été faites par une commission nommée par M. le ministre des travaux publics, et ces opérations ayant donné un résultat satisfaisant, le pont a été livré à la circulation par décision ministérielle du 12 mai 1856.

Le montant du forfait a été diminué d'une somme de 7000 francs représentant la valeur des candélabres qui n'ont pas été livrés par la compagnie, de sorte qu'en définitive la somme touchée par elle ne s'est élevée qu'à 1 143 000 francs.

§ 31. *Pont des Invalides.*

Le 31 août 1854 l'administration a décidé qu'il serait construit, à l'occasion de la première grande exposition universelle qui devait avoir lieu en 1855, un pont en maçonnerie dans lequel on utiliserait, s'il était possible, les piles et les culées du pont suspendu de l'allée d'Antin dont nous avons parlé ci-dessus (17).

Le projet montant à 800 000 francs a été approuvé par M. le ministre des travaux publics le 25 octobre 1854 et les travaux ont été exécutés par M. Gariel qui s'était engagé à livrer le pont à la circulation pour le jour de l'ouverture de l'exposition (1er mai 1855), sous condition de l'allocation d'une prime de 2 500 francs par chaque jour gagné sur cette date et en cas de retard d'une retenue de 1 200 fr. pour chaque jour au delà de cette époque.

Les travaux immédiatement commencés ont été continués pendant tout l'hiver et nonobstant la très-grande activité développée la circulation n'aurait pas pu être établie pour le 1er mai 1855, mais les dispositions prises pour les bâtiments annexes de celui de l'exposition ont rendu ce retard sans inconvénient attendu que l'accès du pont avait été intercepté sur la rive droite par la grande galerie construite sur le quai de la Conférence.

En raison des circonstances tout à fait exceptionnelles dans lesquelles les travaux avaient été exécutés, par suite de la hauteur extraordinaire des eaux de la rivière pendant tout l'hiver, l'entrepreneur a obtenu par décision ministérielle du 8 avril 1856, la remise de la retenue qu'il aurait eu à payer aux termes de son marché.

Ce pont est composé de quatre arches en arc de cercle.

Celles de rive qui ont 31^m.86 d'ouverture sur 3^m.10 de flèche sont surbaissées au dixième. Celles du milieu le sont un peu moins; elle ont 31^m.60 de corde sur 4^m.10 de flèche. Elles ont toutes quatre 1^m.20 d'épaisseur à la clef et 1^m.80 aux naissances. Elles reposent sur deux culées dont les parements font saillie de 0^m.40 sur le plan général des têtes et sur trois piles dont une seule, celle du milieu, a été construite entièrement à neuf. On a conservé et utilisé les deux piles et les culées du pont suspendu.

Les piles, dont les parements ont été simplement retaillés, ont été maintenues dans leur épaisseur et convenablement allongées. Les culées ont été renforcées par l'addition de massifs reliés par derrière avec les anciennes maçonneries, et leur épaisseur a été portée à 11 mètres.

La pile du milieu a été fondée dans un caisson échoué sur des pieux convenablement recepés, et dans lequel les premières assises ont pu être posées par des eaux s'élevant jusqu'à 3 mètres au-dessus de l'étiage.

Les voûtes commencées le 10 avril 1855 étaient fermées le 1ᵉʳ juin. Les chapes et les galeries, ménagées sous les trottoirs pour les conduites d'eau et de gaz étaient également achevées.

Les bandeaux des têtes sont en pierre de taille, les douelles en meulière piquée et les tympans en pierre tendre. Le mortier de ciment de Vassy a été substitué au mortier ordinaire dans la construction des voûtes comme au pont Notre-Dame et au pont d'Austerlitz.

Les têtes sont couronnées par une corniche en pierre surmontée de parapets composés de balustres en fonte interrompus par des dés en pierre placés au-dessus des piles. La largeur entre ces parapets est de 16 mètres, dont 10 mètres sont réservés pour la chaussée et 6 mètres pour les trottoirs.

L'intérieur des tympans a été évidé par des voûtes de décharge destinées à alléger le poids de la construction et sur lesquelles reposent la chaussée et les trottoirs.

La dépense avait été évaluée primitivement à 800 000 fr., mais le projet n'assignait au pont qu'une largeur de 14 mètres entre les têtes. M. le ministre des travaux publics, en l'approuvant, a prescrit de porter cette largeur à 15ᵐ.60 et même à 16 mètres, s'il était possible. C'est cette dernière dimension qui a été adoptée.

En second lieu, des affouillements assez considérables s'étant produits par suite de la réduction de débouché résultant de l'interposition de la nouvelle pile du milieu, des travaux supplémentaires ont dû être entrepris pour compenser cette réduction par l'enlèvement de la basse berge attenant à la rive gauche sous la première arche, de sorte que la dépense s'est élevée en définitive au chiffre de

989 955ᶠ.44, dans lequel les travaux du pont proprement dit figurent pour une somme de 925 338ᶠ.38.

Les deux statues qui surmontent les avant et arrière-becs de la pile du milieu représentent l'une la Victoire maritime et l'autre la Victoire terrestre. Elles ont été sculptées, la première par M. Dieboldt et la seconde par M. Vilain. Elles ont coûté 17 000 francs chacune.

Les quatre trophées qui couronnent les avant et arrière becs des piles latérales n'ont été sculptés qu'en 1862 par M. Bosio. Ils ont coûté 63 434ᶠ.09, compris la fourniture de la pierre dure et les frais d'échafaudage.

Ces trophées se composent d'un écusson surmonté de la couronne impériale et entouré de drapeaux et attributs appartenant à l'armée de terre pour deux d'entre eux et à l'armée de mer pour les deux autres.

Enfin les quatre plaques en marbre, placées à l'entrée et à la sortie du pont et indiquant l'époque de sa construction, ont été posées à la même époque.

§ 32. *Pont de l'Alma.*

L'Empereur ayant décidé, à l'occasion de la première victoire remportée en Crimée le 20 septembre 1854 sur l'armée russe, qu'un nouveau pont portant le nom de *l'Alma* serait construit à Paris en face de l'avenue Montaigne (ancienne allée des Veuves), M. le ministre des travaux publics a ordonné le 28 octobre 1854 de faire entreprendre immédiatement les travaux en les confiant directement et sans adjudication à M. Gariel, qui exécutait déjà à la même époque ceux du pont des Invalides dont nous venons de parler, et de lui faire prendre le même engagement que pour ce dernier, c'est-à-dire de les livrer à la circulation l'un et l'autre pour le jour de l'ouverture de la première grande exposition universelle (1ᵉʳ mai 1855).

Le projet montant à 1 800 000 francs a été approuvé par

décision ministérielle du 9 janvier 1855 en même temps que la soumission par laquelle MM. Gariel et Garnuchot s'engageaient à livrer pour l'époque indiquée du 1ᵉʳ mai un passage de 12 mètres, et à avoir terminé complétement le pont le 31 juillet sous la condition de l'allocation d'une prime de 30 000 francs si le passage était établi à l'époque fixée et d'une retenue, en cas de retard, de 3 000 francs par jour jusqu'au 10 mai et de 1 000 francs par jour au delà de ce terme.

Les travaux entrepris avec l'autorisation du ministre dès le 8 novembre 1854, avant que le projet eût été arrêté et approuvé, n'ont pu être terminés pour l'époque fixée, malgré toute l'activité déployée. La hauteur exceptionnelle des eaux pendant tout l'hiver de 1854 à 1855 a été un obstacle insurmontable à leur achèvement. Aussi les entrepreneurs ont-ils obtenu la remise de la retenue dont ils étaient passibles aux termes de leur marché.

Ce pont est composé de trois arches de forme elliptique; celles de rive ont 38ᵐ.50 d'ouverture et celle du milieu 43 mètres : c'est la plus grande arche en pierre existant à Paris. Toutes trois ont leurs naissances à 0ᵐ.65 au-dessus de l'étiage. La hauteur d'intrados est de 8ᵐ.15 au-dessus de ce niveau pour celles de rive et de 8ᵐ.85 pour celle du milieu. Elles ont toutes trois 1ᵐ.50 d'épaisseur à la clef réduite à 1ᵐ.50 dans le plan des têtes qui sont allégées par des voussures dans le genre de celles du pont de Neuilly.

Ces arches reposent sur deux piles et deux culées. Les piles ont 5 mètres d'épaisseur à leur base et sont fondées sur pilotis. La nature du sol a permis de fonder la culée rive gauche sur terrain naturel à 0ᵐ.30 au-dessous de l'étiage, mais celle du côté opposé a dû être fondée sur pilotis comme les piles. Ces culées ont 8 mètres d'épaisseur moyenne ; celle de droite est adossée directement à l'ancien mur de quai de la Conférence, et celle de gauche est reliée à l'ancien mur du quai d'Orsay par trois contre-forts entre lesquels on a ménagé des chambres d'évidement pour diminuer le cube de la maçonnerie.

Les bandeaux des têtes sont en pierre de taille comme les piles et les culées; les douelles sont en meulière piquée. La maçonnerie du corps des voûtes a été hourdée en mortier de ciment de Vassy. Les têtes sont couronnées d'une corniche en pierre de taille surmontée de parapets qui sont composés de pilastres et de balustres en pierre comme ceux du pont de la Concorde. La largeur du pont est de 20^m.70 entre les têtes et de 20 mètres entre les parapets.

La chaussée dont la largeur est de 12 mètres et les trottoirs qui ont chacun 4 mètres sont supportés par des voûtes de décharge reposant sur les reins des grandes voûtes et destinées à alléger le poids de la construction.

Malgré tous les retards que les crues de l'hiver et du printemps avaient occasionnés, les piles et les culées étaient fondées à la fin de juin 1855, les voûtes fermées en août et la circulation , établie provisoirement à cette époque, aurait pu l'être définitivement peu de temps après, lorsque quelques mouvements survenus au décintrement ont nécessité des travaux qui ont retardé l'ouverture du pont jusqu'au 2 avril 1856, jour où il a livré passage au cortége impérial qui se rendait au champ de Mars pour la remise des drapeaux aux régiments qui avaient fait la campagne de Crimée.

Les quatre statues qui décorent les avant et arrière-becs des piles ont coûté 110 000 francs, compris la fourniture de la pierre dure et les frais d'échafaudage. Celles des avant-becs représentant un zouave et un soldat de la ligne ont été faites par M. Diéboldt; les deux autres représentant un artilleur et un chasseur de Vincennes ont été faites par M. Arnaud.

La dépense en y comprenant celle qui concerne l'exhaussement des murs des quais de la Conférence et d'Orsay, pour les mettre en rapport avec les niveaux commandés par la construction des ponts des Invalides et de l'Alma, s'est élevée à la somme de 2 075 759'.98. Celle du pont proprement dit a atteint le chiffre de 1 620 000 francs.

§ 33. *Nouveau pont Saint-Michel.*

Le nouveau pont Saint-Michel a les faces intérieures de ses parapets dans l'alignement de la partie du boulevard de Sébastopol comprise dans l'île de la Cité.

Il est composé de trois arches elliptiques de $17^m.20$ d'ouverture. L'intrados de celle du milieu est élevé à la clef de $8^m.25$ au-dessus de l'étiage. Ces arches reposent sur deux piles de 3 mètres de largeur et sur des culées de 6 mètres d'épaisseur. L'épaisseur à la clef est de $0^m.70$. Elles sont construites en maçonnerie de moellons piqués provenant de la retaille des pierres de l'ancien pont avec mortier de ciment de Portland. Les bandeaux des têtes sont en pierre de Château-Landon ainsi que les avant et arrière-becs des piles ; les tympans en moellons piqués provenant des mêmes carrières sont ornées d'une N entourée d'une couronne de lauriers. Les têtes sont couronnées par une corniche à modillons également en pierre de Château-Landon et surmontée de parapets à balustres en pierre de Sainte-Ylie (Jura). La distance entre les têtes est de 31 mètres et celle entre les parapets de 30 mètres partagée entre une chaussée empierrée de 18 mètres de largeur et deux trottoirs en granit de 12 mètres de largeur ensemble.

Le projet présenté par les ingénieurs a été approuvé par décision ministérielle du 22 avril 1857.

L'adjudication a été passée le 28 du même mois et les travaux ont été immédiatement commencés.

La démolition des fondations de l'ancien pont a présenté les plus grandes difficultés, notamment l'extraction de la pile du milieu. Les nouvelles piles devant être précisément au milieu des arches navigables de l'ancien pont, il a fallu démolir complétement la pile qui séparait ces arches avant de fonder celles sur lesquelles devaient reposer les nouvelles arches.

Le système de fondation adopté diffère complétement de celui qui avait été suivi jusqu'alors dans la construction des ponts de Paris.

Nous avons fait connaître ci-dessus que le pont de la Concorde, le seul grand pont qui ait été établi dans le courant du xviii⁰ siècle, a été fondé sur pilotis.

Les ponts d'Austerlitz et d'Iéna, construits au commencement du siècle actuel, ont été établis suivant le même mode. Il en a été de même des ponts des Invalides et de l'Alma dont nous venons de parler. Le système de fondation adopté en 1857 pour le pont Saint-Michel et appliqué depuis au pont de Solferino en 1858, au pont au Change en 1859, et au pont Louis-Philippe en 1860 et 1861, est le même que celui qui a été employé sur le Cher et sur la Vienne par les ingénieurs chargés de la construction du chemin de fer de Tours à Bordeaux. Il consiste dans l'établissement d'un caisson sans fond, dont les bords supérieurs dépassent le plan d'eau d'immersion, que l'on échoue sur le terrain solide mis à nu et convenablement nivelé, caisson que l'on remplit ensuite de béton et dans lequel on pose les premières assises à sec ou à l'aide d'épuisements toujours peu dispendieux. On recèpe ensuite ce caisson au niveau de l'étiage ou un peu au-dessous. Nous n'entrerons pas ici dans de plus grands détails sur ce mode de fondation qui est décrit d'une manière complète dans une notice de notre camarade M. Croizette Desnoyers, insérée dans les *Annales* de 1849 (2ᵉ série, tome XVIII, page 129).

Les deux piles du pont Saint-Michel ont été fondées par ce procédé aussi simple qu'expéditif. Celle de rive gauche a été commencée le 20 août 1857, et le 21 du mois suivant on posait l'assise du socle. Celle de rive droite a été commencée le 14 septembre et le 15 octobre on posait la même assise. A partir de cette époque les travaux ont été menés avec une rapidité telle que les arches ont pu être fermées le 2 décembre. On les a laissées six jours seulement sur cintres et l'on a décintré le 8 du même mois. L'abaissement à la clef a été à peine sensible.

Le projet comprenait l'établissement de voûtes de décharge destinées à supporter la chaussée afin d'alléger le poids de la construction ainsi que cela avait été pratiqué au pont des Invalides et au pont de l'Alma; mais ces voûtes ne devaient diminuer la pression sur le sol que d'un tiers environ de kilogramme par centimètre carré, et cette pression elle-même ne dépassait pas $2^k.50$. En conséquence les ingénieurs proposèrent de supprimer ces voûtes en remblayant complétement les tympans, et leur proposition a été adoptée. On a immédiatement entrepris les remblais ainsi que la chaussée, et le 25 décembre 1857 le passage a pu être livré sur ce pont qui avait été commencé au mois de mai précédent.

Ce pont est le premier dans la construction duquel on a employé le ciment de Portland. Celui de Vassy avait été jusqu'alors exclusivement employé dans tous les grands travaux de restauration ou de construction des ponts Notre-Dame, d'Austerlitz et de l'Alma entrepris dans les campagnes précédentes. Le ciment de Portland qui est à prise lente, et par cela même d'un emploi beaucoup plus facile, et qui acquiert une dureté au moins égale, a été employé dans tous les grands ouvrages qui ont été entrepris depuis cette époque, et il a constamment donné les meilleurs résultats.

La dépense totale comprenant la réfection des quais des Orfévres et des Grands-Augustins sur d'assez grandes longueurs s'est élevée à la somme de $743\ 253^f.09$, chiffre dans lequel la reconstruction du pont proprement dit figure pour une somme de $551\ 758^f.48$.

§ 34. *Pont de Solferino.*

Le projet d'établissement d'une passerelle entre le pont Royal et le pont de la Concorde remonte aux dernières années de la restauration. A partir de 1826 plusieurs projets ont été présentés, mais leur exécution aux frais de laquelle le gouvernement voulait pourvoir par voie de concession de péage a été toujours entravée par les difficultés qu'élevait l'administration de la liste civile au sujet de la traversée de la terrasse dite du *bord de l'eau*, qui était réservée aux promenades de la famille royale, et sur laquelle on ne voulait pas, par ce motif, laisser passer le public d'une manière permanente.

Il fallait dès lors établir la communication du dehors avec l'intérieur du jardin par-dessous cette terrasse, mais son peu d'élévation au-dessus du quai ne permettait pas de donner beaucoup plus de 2 mètres de hauteur à un passage qui n'aurait pas eu moins de 24 mètres de longueur.

M. Fontaine, membre de l'Institut et architecte de la couronne, considérait un pareil passage comme devant être d'abord obscur et humide, et de plus d'un effet très-disgracieux; il proposait de le remplacer par un escalier à double rampe montant sur la terrasse; mais cet escalier aurait été fermé au public le jour des promenades de la famille royale. Une pareille réserve en frappant pour ainsi dire d'interdit le passage sur la passerelle les jours où l'accès de la terrasse aurait été défendu était de nature à éloigner un concessionnaire, et c'est en effet ce qui est arrivé. Cependant comme on sentait de plus en plus le besoin de rendre le jardin des Tuileries plus accessible aux habitants du faubourg Saint-Germain, et d'établir à travers ce jardin une communication plus directe avec les quartiers qui avoisinent la place Vendôme, la question a été reprise après la révolution de 1830, mais aucune solution n'était intervenue lorsqu'en 1858 les ingénieurs reçurent l'ordre d'étudier un projet. L'administration avait d'abord eu la pensée de faire construire une passerelle fixe pour piétons, en lui donnant 12 mètres seulement de largeur, et en la plaçant dans le prolongement de l'allée transversale des Tuileries, au droit de la rue de Castiglione. On devait toutefois disposer les piles et les culées de cette passerelle de manière à pouvoir lui donner plus tard 20 mètres de largeur, et la livrer alors à la circulation des voitures. Le projet étudié dans cette double hypothèse évaluait la dépense à 925 000 francs dans le premier cas et à 1 225 000 francs dans le second.

Le conseil municipal de Paris offrit avec empressement de contribuer dans la proportion ordinaire, c'est-à-dire pour moitié, à la dépense d'exécution de ce projet, mais il demanda par délibération du 12 juillet 1858 que l'on donnât de suite 20 mètres de largeur au pont et qu'il fût accessible aux voitures. En conséquence un décret impérial, en date du 26 juillet 1858, a ordonné son établissement dans ces conditions.

La longueur de ce pont est de 144^m.50 entre les culées; il est composé de trois arches de 40 mètres d'ouverture chacune, reposant sur deux piles de 5^m.25 et sur deux culées de 9 mètres d'épaisseur. L'arche du milieu est surbaissée au dixième et la hauteur de l'intrados à la clef est de 8^m.85 au-dessus de l'étiage; les deux autres sont surbaissées à un peu plus du onzième.

Les piles et les culées sont en maçonnerie et les arches sont en fonte. Les têtes sont surmontées de garde-corps également en fonte, qui laissent entre eux une largeur de 20 mètres partagée entre une chaussée macadamisée de 12 mètres, et deux trottoirs de 8 mètres de largeur ensemble.

Les travaux de maçonnerie ont été exécutés par MM. Garnier, Goyard et Raverat. Ceux relatifs à l'établissement des arches en fonte a été l'objet d'un marché à forfait, passé avec M. Georges Martin, moyennant la somme de 644 000 francs.

Les piles et les culées ont été établies dans la campagne de 1858. La culée rive gauche a été fondée au niveau de l'étiage sur le terrain naturel. Le sol étant moins bon sur la rive droite, la culée a été fondée au-dessous de l'étiage, sur un massif de béton de 1^m.50 d'épaisseur.

Les deux piles ont été fondées sur des massifs de béton coulé dans des caissons sans fond, comme celles du pont Saint-Michel, dont nous avons parlé ci-dessus. Les parties supérieures de ces piles au-dessus des avant et arrière-becs sont décorées d'écussons au milieu desquels ont été sculptées sur pierre de Sainte-Ylie l'N et la couronne impériales.

Les travaux de maçonnerie étaient entièrement terminés au printemps de 1859, et les piles ainsi que les culées étaient à la fin d'avril en état de recevoir les arches en fonte.

Chacune de ces arches est composée de neuf arcs ayant 1^m.20 de hauteur aux naissances et 0^m.85 à la clef, espacés de 2^m.50 d'axe en axe, lesquels par l'intermédiaire de tympans évidés supportent des poutrelles en fonte placées transversalement à 1^m.34 de distance l'une de l'autre. Ces poutrelles, dont la coupe transversale affecte la forme d'un T, servent de retombée à des voûtes en briques de 0^m.22 d'épaisseur dont l'ensemble constitue le tablier. Une chape en ciment les recouvre et reçoit l'empierrement d'une chaussée dont la pente longitudinale de chaque côté de l'axe du pont est de 0^m.02 par mètre.

Chaque arc est composé de quinze voussoirs de 3 mètres environ de longueur chacun, qui sont assemblés au moyen de boulons en fer forgé suivant des faces de joint parfaitement dressées. Le premier et le dernier de ces voussoirs sont boulonnés sur des coussinets en fonte à large empatement, qui sont eux-mêmes scellés sur des sommiers en pierre de Sainte-Ylie, et transmettent ainsi aux piles et aux culées la pression de chaque arc, en la répartissant sur une grande surface.

Les voussoirs des arcs de rive sont évidés et ceux des arcs intermédiaires sont pleins. Les uns et les autres sont surmontés de tympans composés de châssis en fonte qui présentent une suite de montants espacés entre eux de $1^m.34$, comme les poutrelles du tablier, et auxquelles ils servent de supports. En outre de ces poutrelles qui par elles-mêmes constituent déjà un puissant contreventement, des entretoises au nombre de vingt pour chaque arche, réparties deux par deux entre les voussoirs inférieurs des arcs qui échappent à l'action directe du tablier, concourent à assurer la parfaite rigidité de tout le système.

Les dimensions des différentes pièces ont été calculées de manière que sous une surcharge de 600 kilogrammes par mètre superficiel la fonte ne travaille pas à plus de 5 kilogrammes par millimètre carré.

Toutes les pièces ont été fondues à l'usine de Fourchambault, et ont été éprouvées sur place. Il n'a été expédié à Paris que celles qui ont supporté ces épreuves avec succès. Le poids total de ces fontes s'est élevé à 1130339 kilogrammes.

La pose commencée dans les premiers jours de mai était complétement terminée à la fin de juin. Le pont a été alors soumis aux épreuves prescrites par le cahier des charges, et le résultat en ayant été satisfaisant, M. le ministre des travaux publics a décidé, le 9 août, que l'on pouvait livrer à la circulation ce pont, auquel l'Empereur venait de donner le nom de Solferino, en souvenir de la récente victoire que l'armée française avait remportée en Italie.

En conséquence, le passage a été établi le 14 août veille de la fête de Sa Majesté et le jour même où les troupes faisaient leur rentrée à Paris.

La dépense de construction du pont de Solferino s'est élevée à la somme de 1 089 942^f.55 chiffre dans lequel l'établissement des arches en fonte est entré pour une somme de 644 000 francs.

§ 35. *Nouveau pont au Change.*

Le prolongement du boulevard de Sébastopol à travers la Cité et sur la rive gauche de la Seine ainsi que l'agrandissement du palais de Justice ont rendu nécessaire la reconstruction de ce pont qui ne se trouvait plus dans la direction des grandes voies ouvertes ou projetées.

De plus, la première arche rive gauche aurait été bouchée par le fait de l'élargissement du quai de l'Horloge devant le palais, de telle sorte que nonobstant son état de conservation et de parfaite solidité on a dû démolir ce pont pour le remplacer par un autre mieux disposé par rapport aux voies aboutissantes et plus commode pour la navigation.

Il est à remarquer cependant que le nouveau pont ne forme pas le prolongement du boulevard de Sébastopol, rive droite. L'administration municipale a été déterminée dans le choix de son emplacement, d'abord par le désir de conserver les ruines romaines des Thermes de Julien qui auraient dû disparaître si l'on avait prolongé sur la rive gauche l'alignement du boulevard sur la rive droite, et ensuite par la nécessité de faire servir le nouveau pont non-seulement au débouché du boulevard, mais encore à celui de la rue qui est déjà commencée sur la place du Châtelet et qui doit être prolongée jusqu'aux halles centrales.

En conséquence, un décret du 15 août 1858 a ordonné la reconstruction du pont au Change dans l'emplacement où on le voit aujourd'hui.

Ce pont est composé de trois arches de forme elliptique de 31^m.60 d'ouverture, qui ont leurs naissances à 1^m.50 au-

dessus de l'étiage et dont les hauteurs d'intrados à la clef
varient entre 9ᵐ.50 et 9ᵐ.10 au-dessus de ce niveau. Ces
trois arches reposent sur deux piles de 4 mètres de largeur
et sur deux culées reliées avec les anciens murs de quai.
L'épaisseur des voûtes est de 1 mètre à la clef et de 1ᵐ.50
aux naissances. Elles sont construites en maçonnerie de
moellons piqués provenant de la retaille des pierres de
l'ancien pont. Les bandeaux des têtes sont en pierre de
Château-Landon ainsi que les avant et arrière-becs des piles;
les tympans, en moellons piqués provenant des mêmes
carrières.

L'ornementation de ces tympans est exactement la même
que celle du pont Saint-Michel et consiste ainsi que nous
l'avons dit plus haut en une N entourée d'une couronne
de lauriers.

La corniche et les parapets qui couronnent les têtes sont
exactement les mêmes pour ces deux ponts.

La distance entre les têtes est de 31 mètres et celle entre
les parapets de 30 mètres partagée entre une chaussée
empierrée de 18 mètres de largeur et deux trottoirs en
granit de 12 mètres de largeur ensemble.

Les travaux commencés en août 1858 ont été confiés par
voie d'adjudication à M. Garnuchot.

L'ancien pont se trouvant précisément dans l'emplacement du nouveau, on a dû commencer par le démolir et
l'enlèvement de toutes les parties situées au-dessous de
l'eau a présenté les plus grandes difficultés. Nous n'entrerons point ici dans les détails que ce sujet comporterait et
que l'on trouvera dans une notice intéressante publiée par
M. l'ingénieur Vaudrey dans le tome III de la 4ᵉ série des *Annales des ponts et chaussées* (1ᵉʳ semestre de 1862, page 259).
Nous nous bornerons à dire que cette démolition a exigé en
quelque sorte plus de temps que la construction du nouveau pont, car elle a été commencée en août 1858 et n'a
été complétement achevée qu'en novembre 1859, tandis que

le passage sur le nouveau pont a été livré le 15 août 1860, huit mois à peine après la démolition de l'ancien.

La fondation des piles a été faite comme au pont Saint-Michel et au pont de Solferino sur un massif de béton coulé dans un caisson sans fond échoué dans une fouille convenablement préparée.

Les culées reposent sur des massifs de maçonnerie de moellons avec mortier de chaux hydraulique ordinaire directement établis sur le sol. Celle rive gauche est adossée au parement de la culée du vieux pont, ce qui a porté son épaisseur à $11^m.60$. L'arche contiguë est légèrement conoïde, c'est-à-dire que son ouverture qui dans le plan de tête d'aval est de $31^m.60$, comme celle des deux autres arches, est de $32^m.47$ dans le plan de tête d'amont. Cette différence de $0^m.87$ tient à la direction adoptée pour le mur du quai Desaix entre le pont Notre-Dame et le nouveau pont.

La culée rive droite dont l'épaisseur est de 8 mètres est reliée avec l'ancienne culée des Cagnards qui existaient sous le quai de Gèvres, et dont nous avons déjà parlé, par des contre-forts de 2 mètres d'épaisseur laissant entre eux des vides remblayés recouverts par des voûtes au-dessus desquelles passe une galerie qui met en communication celles réservées sous les trottoirs des deux têtes du pont pour les conduites d'eau et de gaz.

La reconstruction du pont au Change a entraîné comme conséquence le remaniement des quatre quais adjacents. Les murs de quai d'amont (quai de Gèvres et quai Desaix) ont été complétement refaits sur des alignements différents de ceux des anciens murs de quai. Il en a été de même du mur du quai de l'Horloge jusqu'à la rue du Harlay. Quant à celui de la Mégisserie, il a été conservé, mais considérablement exhaussé ce qui a nécessité la démolition et la reconstruction de toutes les maisons riveraines.

Le pont a été comme nous l'avons dit ci-dessus livré à

la circulation le 15 août 1860, et complétement achevé vers la fin de cette même année, mais les murs de quai aux abords ne l'ont été qu'en décembre 1861.

La dépense s'est élevée à la somme totale de 2 164 974ʳ.99 dans laquelle le pont ne figure, en y comprenant les frais de démolition de l'ancien pont, que pour 1 272 331ʳ.38.

Cette démolition seule a coûté plus de 400 000 francs dont 144 000 francs ont été dépensés en régie pour l'extraction des fondations des cinq piles (voir la notice de M. Vaudrey dont il a été question ci-dessus).

§ 36. *Nouveau pont Louis-Philippe.*

Le remplacement de l'ancien pont suspendu Louis-Philippe par un pont fixe a été ordonné par un décret en date du 1ᵉʳ août 1860.

Ce décret a ordonné en même temps le remplacement de la passerelle de la Cité (14 et 24) par le pont qui porte aujourd'hui le nom de pont Saint-Louis, et l'ouverture, à travers la pointe occidentale de l'île de ce nom, d'une rue destinée à relier ensemble les deux ponts.

Le projet qui a servi de base à ce décret a été approuvé par M. le ministre des travaux publics le 2 août 1860.

Le pont Louis-Philippe, établi dans le prolongement de la rue du même nom, sur le bras dit *de l'estacade*, a 100 mètres de longueur entre les culées et 16 mètres de largeur d'une tête à l'autre; il est composé de trois arches en maçonnerie de forme elliptique, offrant ensemble un débouché linéaire de 92 mètres; celle du milieu a 32 mètres sur 8ᵐ.85 de hauteur sous clef au-dessus de l'étiage; les deux arches latérales ont 30 mètres de largeur chacune sur 8ᵐ.33 de hauteur. Les piles ont 4 mètres de largeur à la naissance des courbes d'intrados et les culées ont 8 mètres d'épaisseur dans le sens de la poussée.

Ce pont livre à la circulation un passage de 15ᵐ.10 de

largeur, composé d'une voie charretière pavée de 10 mètres et de deux trottoirs en bitume de $2^m.55$ chacun.

La pente longitudinale de la chaussée est de $0^m.016$ de chaque côté de l'axe du pont.

Les voûtes qui ont 1 mètre d'épaisseur à la clef et $1^m.50$ aux naissances sont construites en maçonnerie de meulière piquée ; les bandeaux des têtes sont en pierre de taille de Sainte-Ylie (Jura) ainsi que les avant et arrière-be des piles. Les tympans sont en vergelé et ornés dans leur milieu d'une couronne en pierre de Sainte-Ylie, dans laquelle on a ménagé un jour pour éclairer les galeries qui livrent passage aux conduites d'eau et de gaz établies sous les trottoirs.

Les têtes sont couronnées par une corniche à modillons en pierre de Sainte-Ylie, surmontée de parapets à jour, dont les balustres en même pierre rappellent ceux de la balustrade de la terrasse du château de Pau (côté du Gave).

Les parapets sont raccordés avec ceux des quais par quatre pans coupés reposant sur des trompes ménagées dans les angles formés par la rencontre des murs de quai avec ceux des têtes.

La culée rive droite est fondée à $0^m.39$ seulement au-dessous de l'étiage, sur un sol résistant composé de sable et de gravier. Celle de rive gauche est fondée partie sur le terrain naturel composé de sable pur à $0^m.99$ au-dessous de l'étiage et partie sur le pilotis qui formait la fondation du mur du quai Bourbon.

Les piles sont fondées comme celles du pont Saint-Michel, du pont de Solferino et du pont au Change, sur un massif de béton coulé dans un caisson sans fond échoué dans une fouille préalablement draguée et nivelée.

Les travaux commencés à la fin d'août 1860 ont été confiés par voie d'adjudication à M. Garnuchot. La fin de la campagne a été employée à fonder la culée rive droite et les deux piles. La seconde culée a été fondée au printemps de 1861. A la fin de mai on attaquait la construction des trois arches qui étaient fermées un mois après; mais l'importance des raccordements à faire tant dans l'île Saint-Louis que sur le quai de la Grève, n'a permis de livrer le pont à la circulation qu'au mois d'avril 1862.

C'est à cette époque seulement que l'on a placé les plaques qui font connaître la date de la construction de ce pont et le nom qui, d'après les ordres de l'Empereur, lui a été conservé.

La dépense s'est élevée à la somme de 785065^f.39. Ce chiffre comprend les dépenses de divers travaux qui ne se rapportent pas directement au pont, tels que ceux de l'abreuvoir du port au blé, les rampes et murs de soutenement du quai des Ormes, la démolition des piles et des culées du pont suspendu et divers travaux de dragages; en déduisant les chiffres afférents à ces différents travaux on arrive à celui de 576008^f.58 pour le pont proprement dit.

§ 37. *Pont Saint-Louis.*

Ainsi que nous l'avons dit dans l'article précédent, le décret du 1er août 1860, qui a ordonné la construction du pont Louis-Philippe, a prescrit en même temps celle du pont Saint-Louis, en remplacement de la seconde travée du pont suspendu qui joignait la pointe occidentale de l'île Saint-Louis au quai Napoléon et de la petite passerelle également suspendue, qui avait été construite en 1842 en face de la rue Saint-Louis en l'Ile (24).

Ce pont franchit le bras navigable de la Seine à l'aide d'une seule arche métallique biaise reposant sur deux culées en maçonnerie.

Ces culées ont été construites par M. Garnuchot aux conditions de l'entreprise du pont Louis-Philippe dont elles faisaient partie.

Celle attenant au quai Napoléon est fondée sur un pilotis

dont les intervalles sont remplis par une couche de béton reposant sur un lit de moellons; elle a 10 mètres d'épaisseur dans le sens de la poussée. Celle attenant au quai Bourbon est fondée simplement sur un massif de béton descendu à 1^m.30 au-dessous de l'étiage et défendu du côté du large par une enceinte de pieux et palplanches. Elle a été établie à 6 mètres en avant du parement de l'ancien mur de quai dont les maçonneries reconnues en trèsbon état ont été conservées.

La travée métallique a fait l'objet d'un marché à forfait passé avec M. Georges Martin, et par lequel ce constructeur s'est engagé à l'établir moyennant la somme de 375 000 francs.

Cette arche présente la forme d'un arc de cercle de 64 mètres de corde et de 5^m.82 de flèche, surbaissé par conséquent au onzième, dont les naissances sont à 3^m.03 au-dessus de l'étiage, ce qui donne 8^m.85 pour la hauteur de l'intrados à la clef.

Elle est composée de neuf arcs en fonte espacés entre eux de 2 mètres d'axe en axe, qui supportent, par l'intermédiaire de tympans évidés un tablier composé de voûtes en briques recouvertes par la chaussée et les trottoirs.

Les arcs de rive sont couronnés par une corniche qui est elle-même surmontée de garde-corps composés de panneaux maintenus par des pilastres qui s'encastrent à queue d'aronde dans des boîtes coulées avec ladite corniche.

La largeur entre les garde-corps est de 16 mètres partagée entre une chaussée pavée de 10 mètres et deux trottoirs en bitume de 3 mètres de largeur chacun.

Toutes les pièces ont été fondues à l'usine de Fourchambault comme celles du pont de Solferino. Leur poids total s'est élevé à 755 927 kilogrammes, et leurs dimensions ont été calculées de telle sorte que le travail de la fonte reste inférieur à 4 kilogrammes par millimètre quarré sous le poids de la charge permanente, et n'atteint pas 5 kilogrammes sous celui de la charge d'épreuve. Aux termes du marché passé avec M. Georges Martin, l'arche devait subir des épreuves de surcharge pouvant être portées à 600 kilogrammes par mètre superficiel. Il a été procédé à ces épreuves par la commission nommée à cet effet par M. le ministre des travaux publics, et le résultat ayant été complétement favorable, le pont a été livré à la circulation le 20 avril 1862, en vertu d'une décision ministérielle en date du 5 du même mois.

Nous n'entrerons pas dans plus de détails au sujet de ce pont, qui a été l'objet d'une notice publiée par nous dans les *Annales des ponts et chaussées* (série 4ᵉ, tome V, année 1863). Nous dirons seulement que la dépense à laquelle il a donné lieu s'est élevée à la somme de 655 669ᶠ.75, dont 375 000 francs pour l'établissement de l'arche métallique.

§ 38. *Nouveau pont de Bercy.*

La construction d'un pont fixe, en remplacement de l'ancien pont suspendu de Bercy dont nous avons parlé précédemment (§ 20), a été ordonnée par un décret du 6 juillet 1863.

Le projet qui a servi de base à ce décret avait été approuvé par décision ministérielle du 4 du même mois.

Ce pont, qui occupe la place même de l'ancien pont suspendu, est établi dans l'axe des boulevards actuels de la Gare et de la Rapée formés par la réunion des anciens chemins de ronde et des boulevards extérieurs.

Il mesure 159 mètres d'une culée à l'autre et laisse aux eaux un débouché libre de 143 mètres linéaires partagé entre cinq arches en maçonnerie de forme elliptique comme celles du pont au Change et du pont Louis-Philippe. La largeur de celles de rive est de 28 mètres et celle des autres de 29 mètres. Leurs naissances sont situées sur une même horizontale passant à 1^m.25 au-dessus de l'étiage. Leurs intrados sont élevés au-dessus de ce niveau de 9^m.25 pour l'arche centrale, 8^m.75 pour les deux arches adjacentes et 8^m.25 pour celles de rive.

La grande largeur de la Seine en cet endroit a permis de mettre les culées de quelques mètres en dehors des murs du quai et de profiter de cette disposition pour évaser les entrées du pont, dissimuler le biais de son axe avec les alignements des quais par des raccordements circulaires, et ménager ainsi sur chaque rive, tant en amont qu'en aval, des escaliers tournants à l'aide desquels on descend sur les banquettes de halage engagées sous les arches de rive.

Les culées ont 7^m.50 d'épaisseur et 5 mètres de hauteur à leur partie postérieure ; elles sont extradossées suivant un plan tangent aux reins des voûtes vers le tiers de l'ouverture des arches.

Les piles ont 4 mètres d'épaisseur à la naissance des arches et sont terminées par des avant et arrière-becs demi-circulaires de 5^m.75 de hauteur, chaperon compris.

Les voûtes ont 1 mètre d'épaisseur à la clef et 1^m.20 aux naissances.

La largeur entre les têtes est de 20 mètres et celle entre les parapets de 19^m.20 partagés entre une chaussée pavée de 10 mètres et deux trottoirs en bitume de 4^m.60 chacun.

La pente longitudinale de la chaussée sur le pont est de 0^m.015 par mètre et celle des chaussées de raccordement qui lui font suite sur les boulevards et sur les quais ne dépasse pas 0^m.025.

Les têtes sont couronnées par une corniche à modillons surmontée de parapets à jour composés de panneaux en fonte reposant sur un socle en pierre et séparés par des dés également en pierre.

Ce pont est accompagné de murs de quai qui règnent sur les deux rives tant en amont qu'en aval sur une longueur moyenne de 80 mètres environ. Ceux d'amont ont été construits entièrement à neuf ; ceux d'aval ont été simplement remaniés et exhaussés.

La culée rive gauche et les murs de quai adjacents reposent directement sur le sol, qui est composé d'un gravier compacte trouvé à 0^m.5o au-dessus de l'étiage.

La culée rive droite et le mur de quai situé en amont sont fondés sur un grillage en charpente arasé au niveau de l'étiage et chevillé sur un pilotis composé de pieux de chêne de 0^m.3o d'équarrissage, de 8 mètres de longueur, fichés de 2 à 3 mètres dans le terrain solide qui n'apparaît qu'à 5 mètres au-dessous de l'étiage. Les intervalles entre les pieux de ce pilotis ont été remplis par une couche de maçonnerie de meulière et ciment de Vassy de 1 mètre d'épaisseur.

Le mur de quai à l'aval de cette culée a été conservé et simplement exhaussé.

Les piles ont été fondées, comme celles du pont Saint-Michel, du pont de Solferino, du pont au Change et du pont Louis-Philippe, sur un massif de béton coulé dans un caisson en charpente échoué, dans une fouille préalablement draguée et nivelée, sur le terrain solide que l'on a rencontré à une profondeur moyenne de 4 mètres à 4^m.5o au-dessous de l'étiage. Ces piles reposent sur ce massif de béton par l'intermédiaire d'un socle en pierre de taille de 0^m.5o d'épaisseur et d'un sous-socle de 0^m.25 en maçonnerie de meulière et ciment. Le dessus du socle correspond au niveau de l'étiage. Les douelles des voûtes sont en maçonnerie de meulière piquée encadrée sur chaque tête par des bandeaux en pierre de taille de Château-Landon. Les avant et arrière-becs des piles sont en pierre provenant des mêmes carrières ; les tympans sont en vergelé de Saint-Leu et ornés dans leur milieu de couronnes en pierre de Sainte-Ylie (Jura) dans lesquelles on a ménagé des jours pour éclairer les galeries destinées à recevoir les conduites d'eau et de gaz qui traverseront le pont sous les trottoirs.

La corniche, ainsi que le socle et les dés qui entrent dans la construction des parapets sont également en pierre de Sainte-Ylie.

Les travaux, confiés par voie d'adjudication à M. Garnuchot, ont été commencés à la fin d'août 1863 et poussés avec une activité telle, que la circulation des piétons et des voitures a pu être établie sur le nouveau pont le 15 août dernier. A cette époque il restait à élever les tympans, à terminer les murs de quai et à poser la corniche et les parapets.

Bien que ces travaux ne soient pas encore entièrement achevés, ils sont assez avancés cependant pour que nous puissions faire connaître le chiffre de la dépense se rapportant au pont *proprement dit.*

La dépense totale, tant pour la construction du pont que pour celle des murs de quai aux abords, ne dépassera pas sensiblement le chiffre de 1 300 000 francs, en y comprenant les travaux exécutés par le service municipal pour raccordement des voies publiques adjacentes, lesquels s'élèveront à plus de 150 000 francs. Si l'on déduit du chiffre de 1 300 000 fr. : 1° la dépense faite pour l'établissement du pont provisoire établi pour le maintien de la circulation pendant l'exécution des travaux, dépense qui s'est élevée à 70 000 francs environ ; 2° celle relative à la démolition du pont suspendu et à la construction des murs de quai, on trouve que la dépense du *pont proprement dit* ne dépassera pas 1 000 000 de francs. La longueur entre les culées étant de 159 mètres et la largeur entre les têtes de 20 mètres, la superficie est de 3 180 mètres quarrés, ce qui fait ressortir le prix du mètre quarré en plan à 314f.46, soit 315 francs en nombre rond.

§ 59. *Comparaison des dépenses d'établissement des ponts de Paris ramenées à l'unité superficielle.*

Nous avons pensé qu'il pourrait y avoir quelque intérêt à réunir dans un tableau les chiffres de dépenses des différents ponts construits à Paris depuis 1847 en faisant ressortir le prix du mètre superficiel pour chacun d'eux, ainsi qu'on le fait ordinairement pour les ponts et grands viaducs des chemins de fer. Seulement au lieu de mesurer cette unité en élévation, comme on le fait pour ces ouvrages, nous l'avons mesurée en plan en faisant le produit de la longueur entre les culées par la largeur entre les têtes.

La largeur des ponts varie tellement à Paris, que l'on ne pourrait établir aucune comparaison entre eux si l'on n'en tenait pas compte ; sur les chemins de fer, au contraire, la largeur entre les têtes étant constante, et la hauteur très-variable d'un ouvrage à l'autre, c'est le prix du mètre superficiel *en élévation* qu'il importe de faire ressortir. On pourra d'ailleurs toujours passer facilement de ce prix à celui du mètre *en plan* en le multipliant par le rapport de la hauteur de l'ouvrage à sa largeur, et réciproquement en multipliant le prix du mètre *en plan* par ce rapport renversé, si l'on veut avoir le prix du mètre *en élévation*.

DÉSIGNATION des ponts. (1)	DATE de l'exécution des travaux. (2)	LONGUEUR. (3)	LARGEUR entre les têtes. (4)	SURFACE. (5)	MONTANT de la dépense. (6)	PRIX du mètre superficiel en plan. (7)	Observations. (8)
		mèt.	mèt.	mèt.quarrés	fr.	fr.	
Pont au Double.........	1847-1848	31.00	16.00	496.00	373 133.59	752.28	(a)
Pont Neuf.	1850-1855	»	Mémoire.	Mémoire.	1 667 086.23	»	(b)
Petit Pont	1852-1853	31.75	21.00	666.75	385 509.42	578.19	(c)
Pont Notre-Dame. ...	1853	104.00	21.00	2 184.00	716 356.37	328.00	(d)
Pont d'Austerlitz.....	1854	173.60	18.00	3 124.80	951 204.03	304.40	(e)
Pont d'Arcole.......	1855	80.00	20.40	1 632.00	1 143 000.00	700.37	(f)
Pont des Invalides....	1855	140.66	16.60	2 334.96	988 772.47	423.46	(g)
Pont de l'Alma.......	1855	131.14	21.00	2 753.94	1 620 000.00	588.25	(h)
Pont Saint-Michel....	1857	57.60	31.00	1 785.60	551 758.48	309.00	(i)
Pont de Solferino....	1858-1859	126.50	20.00	2 530.00	1 089 942.35	430.81	(j)
Pont au Change.....	1859-1860	102.80	31.00	3 186.80	1 272 331.38	399.25	(k)
Pont Louis-Philippe...	1860	100.00	16.00	1 600.00	576 008.58	360.00	
Pont Saint-Louis.....	1861	64.00	16.00	1 024.00	655 669.75	640.30	(l)
Pont de Bercy.......	1863-1864	159.00	20.00	3 180.00	1 000 000.00	315.00	(m)

(a) Ce pont est construit entièrement en maçonnerie de meulière et ciment de Vassy. A l'époque de sa construction, le prix du ciment de Vassy était presque double de ce qu'il est aujourd'hui. C'est ce qui explique l'élévation du prix de revient du mètre quarré.

(b) Le pont Neuf a été complétement restauré, mais non reconstruit. Le prix que l'on déduirait de la dépense faite pour cette restauration, comparé à la superficie du pont, n'aurait donc pas la même signification que pour les autres ponts portés dans ce tableau. C'est par ce motif qu'il figure ci-dessus pour mémoire seulement.

(c) Pont construit en meulière parementée avec mortier de ciment de Vassy.

(d) Ainsi que nous l'avons dit (28), l'ancien pont Notre-Dame a été démoli jusqu'au niveau de ses fondations qui ont été conservées et sur lesquelles le nouveau pont a été élevé. De plus, on a utilisé dans la reconstruction tous les matériaux susceptibles d'être réemployés. C'est ce qui explique le prix relativement peu élevé du mètre superficiel porté dans la colonne (7).

(e) Le pont d'Austerlitz donne lieu à une observation analogue à celle faite pour le pont Notre-Dame. La dépense de 951 204^f.08 ne se rapporte qu'à la substitution d'arches en pierre aux arches métalliques de l'ancien pont, dont les culées et les piles ont été simplement allongées afin de pouvoir porter sa largeur à 18 mètres.

(f) La construction de ce pont, composé d'une seule arche métallique de 80 mètres d'ouverture, a été l'objet d'un marché passé *à forfait* avec la compagnie.

(g) Ce pont, commencé dans les derniers mois de l'année 1854, devait être achevé pour le 1er mai 1855, époque de l'ouverture de la première grande exposition universelle.

(h) Le chiffre élevé porté dans la colonne (7) pour le prix de revient du mètre superficiel, tient aux circonstances exceptionnellement défavorables dans lesquelles ce pont a été construit et aux travaux de consolidation et d'allégement qu'il a nécessités.

Ce pont devait, comme celui des Invalides, être achevé pour le 1er mai 1855.

(i) On a utilisé dans la reconstruction du pont Saint-Michel tous les matériaux provenant de la démolition du vieux pont. C'est ce qui explique le chiffre relativement très-peu élevé porté dans la colonne (7).

(j) Pont métallique. Le chiffre porté dans la colonne (7) { Piles et culées. . . 175^f.92 } 430^f.81. se décompose ainsi. . . . . { Partie métallique. 254^f.89 }

(k) On a utilisé dans la reconstruction du pont au Change, comme on l'avait fait dans celle du pont Saint-Michel, tous les matériaux provenant de la démolition de l'ancien pont. La différence existant entre les chiffres portés dans la colonne (7) pour ces deux ponts s'explique par les difficultés exceptionnelles que l'on a rencontrées dans la démolition du vieux pont au Change qui a coûté plus de 400 000 francs, ainsi que nous l'avons dit (35).

(l) Pont métallique. Le chiffre porté dans la colonne (7) { Culées......... 274^f.09 } 640^f.30. se décompose ainsi. . . . . { Partie métallique. 366^f.21 }

(m) Les travaux n'étant pas terminés, le chiffre de 1 million de francs est approximatif, mais on est certain qu'il ne sera pas dépassé.

Les chiffres portés dans la colonne (7) pour les ponts d'Arcole, de Solférino et Saint-Louis, font voir que les ponts en métal coûtent toujours plus cher à Paris que les ponts en maçonnerie.

Les prix élevés auxquels sont revenus le pont au Double et le Petit-Pont tiennent à l'emploi exclusif du ciment de Vassy, qui coûtait, il y a quinze ans, le double de ce qu'il coûte aujourd'hui.

Le prix de revient du pont de l'Alma tient aux causes que nous avons fait connaître (*h*).

Il en est de même dans une mesure moindre du pont des Invalides, qui a été construit à la même époque avec une grande précipitation, parce que l'administration désirait qu'il pût être livré à la circulation pour l'ouverture de la première grande exposition universelle (1er mai 1855).

A l'exception de ces divers ponts, les chiffres portés dans la colonne (7) pour tous les autres font voir que le prix de revient du mètre superficiel a varié entre un minimum de 3o9 francs et un maximum de 3gg*f*.25.

On peut donc évaluer moyennement à 35o francs le prix de revient du mètre superficiel (*mesuré en plan*) d'un pont construit sur la Seine à Paris.

TABLE DES MATIÈRES.

CHAPITRE PREMIER.

PÉRIODE ANTÉRIEURE A LA RÉVOLUTION DE 1789.

CHAPITRE II.

PÉRIODE DE L'EMPIRE.

CHAPITRE III.

PÉRIODE DE LA RESTAURATION.

CHAPITRE IV.

PÉRIODE DE 1830 A 1848.

CHAPITRE V.

PÉRIODE ACTUELLE.

Extrait des *Annales des ponts et chaussées*, tome VIII, 1864.

Paris — Imprimé par E. Thunot et Cᵉ, rue Racine, 26